AF596363

MÉMOIRE A CONSULTER,

ET

CONSULTATION

POUR LA VILLE INCENDIÉE

DE SALINS,

CONTRE

L'ADMINISTRATION DES FORÊTS.

PARIS.

IMPRIMERIE DE E. DUVERGER,

RUE DE VERNEUIL, N° 4.

Janvier 1826.

MÉMOIRE

A CONSULTER,

POUR

LA VILLE DE SALINS.

AU SUJET DES DROITS DE PROPRIÉTÉ QUI LUI APPARTIENNENT DANS LES FORÊTS VOISINES.

Le savant professeur qui a le mieux approfondi la matière des droits d'usage dans les forêts, M. *Proud'hon*, doyen de la faculté de droit de Dijon, rappelle qu'une grande partie de ces droits sont fondés sur des concessions à titre gratuit, faites par des souverains de la France, dans les forêts de leur domaine, et par les seigneurs dans leurs terres.

Il observe, en ce qui concerne les premières (celles des rois), qu'elles étaient contraires au grand principe de l'inaliénabilité du domaine, parce qu'elles étaient leur principale ressource pour supporter les charges de la couronne.

« Cependant, ajoute ce profond jurisconsulte [1],

(1) N° 2957, tom. VI de son *Traité de l'Usufruit*.

« si nous nous reportons aux grandes spoliations ter-
« ritoriales qui eurent lieu par suite de l'invasion des « Germains dans les Gaules, il n'est guère possible de « supposer que les rois, qui distribuaient à leurs ca-« pitaines les terres conquises, n'aient retenu pour « eux-mêmes que les forêts provenant du gouverne-« ment précédent, sans avoir rien voulu ajouter à leur « domaine, au préjudice des anciens habitans.

« Un tel scrupule, et une marche si mesurée, se-« raient trop invraisemblables pour mériter notre « croyance.

« Il est bien constant, au contraire, qu'un très grand « nombre de terres seigneuriales avaient, dans les « siècles passés, fait retour au domaine de la cou-« ronne, soit par commise, pour crime de félonie, « soit par toute autre cause dérivant des lois féodales, « et il n'est pas douteux que ces terres n'aient fait « retour au domaine qu'avec les charges dont elles « avaient été grevées par les anciens seigneurs, tandis « qu'ils en étaient possesseurs et maîtres; il y avait « donc encore, et il y a bien certainement parmi les « usagers dans les bois de l'état, des communes qu'on « devait présumer avoir été anciennement proprié-« taires du fond, et n'avoir été réduites à la condition « d'usagères que par une suite de l'ancienne usurpation « des conquérans.... »

« Il y aurait la plus criante *injustice* à priver en-« core de leurs usages, des habitans dont les ancêtres « avaient déjà plus anciennement souffert la spoliation « de leurs propriétés; et l'administration publique ne

« pourrait aujourd'hui, sans commettre la même in-« justice, refuser ou retarder la délivrance de tels « usages, dans une juste et équitable proportion avec « les besoins des usagers....

Il s'agit de rechercher dans l'histoire et dans les titres particuliers, si la ville de Salins se trouve dans cette classe d'usagers dont M. *Proud'hon* a d'avance défendu la cause; si, dépouillée de la moitié de ses bois, par la conquête des Bourguignons, elle a été définitivement dépouillée de l'autre moitié, quelque temps après la réunion de la Franche-Comté à la France, par l'autorité d'un simple commissaire délégué du conseil.

Ce mémoire, s'il est concluant d'ailleurs, mettra l'administration supérieure à portée de se rendre justice à elle-même, pour ne pas encourir le reproche que M. *Proud'hon* a adressé d'avance à quiconque méconnaîtrait de si justes droits, surtout alors que la France entière se montre si généreuse envers les infortunés incendiés de Salins.

Enfin ce mémoire offrira, nous l'espérons, aux conseils éclairés qui délibéreront sur la valeur et l'étendue des titres de la ville de Salins, les moyens de décider s'il n'existe pas, dans la législation, de remède à l'expropriation dont elle serait frappée, et s'il serait nécessaire de faire un appel à la justice des deux Chambres, lors de la discussion du projet de loi sur les forêts, qui doit avoir lieu dans la prochaine session.

Les premiers titres que Salins représente, et qui sont seuls échappés à l'incendie qui dévora cette ville en 1356, et aux événemens de la guerre qui fit successivement passer cette province sous la domination des princes français, allemands et espagnols, attestent au commencement du 15e siècle, que ses droits d'usage existaient d'un temps immémorial; ils équivalaient dans la forêt de La Joux, à des droits de co-propriété. Plusieurs de ces titres lui attribuent formellement la propriété de la forêt de Moydon.

Il fallait que ces droits fussent bien sacrés, pour avoir échappé à la rapacité des seigneurs féodaux, qui, dès le 10e siècle, établirent leur domination dans ces contrées, et s'y maintinrent souverains jusqu'à l'établissement de la puissante maison de Bourgogne; il faut qu'ils aient été bien défendus par les officiers municipaux, pour avoir surtout pu résister aux envahissemens de la maison de Châlons, qui les lui disputait en 1440.

Avant la conquête des Romains, on sait que les cités des Gaules se gouvernaient par des lois municipales: les Romains ne détruisirent pas ce régime, ils le modifièrent seulement, en nommant les premiers magistrats de chaque cité; au lieu de s'emparer des propriétés privées, comme le firent plus tard les nations barbares, ils se contentèrent d'établir un tribut, et d'en confier le recouvrement aux officiers des cités. Ainsi le gouvernement des Romains s'établit paisiblement dans les Gaules, jusqu'à ce que les guerres civiles eurent mis les armes à la main aux divers compétiteurs à l'empire. Les propriétés publiques appartenaient de droit aux vainqueurs; mais on ne sait si les salines de Salins étaient alors exploitées ; tout ce que l'histoire nous en a conservé, c'est que le pays fournissait à Rome le meilleur porc salé [1].

Toutefois la ville ou le bourg de Salins, dont on ignore le nom du fondateur, a existé sous la domination romaine, puisqu'on a trouvé dans le sol que la ville occupe aujourd'hui, des tombeaux chargés d'inscriptions et de médailles, depuis Tibère jusqu'à Constantin [2]. On sait d'ailleurs qu'une voie romaine très fréquentée passait par le Val de Salins.

Lorsque les Bourguignons s'établirent dans les Gaules, les possessions des *Séquanois* (c'est le nom latin primitif de la province; celui du pays de Salins, fut *Scodinga*) donnèrent lieu à une guerre entre eux et les Allemands [3]. Il paraît que ceux-ci avaient été appelés par les habitans du pays, irrités de l'avidité des nouveaux conquérans ; mais ils succombèrent, l'empereur Valentinien, au lieu de défendre les Romains-Gaulois ses sujets, ayant favorisé l'entreprise des Bourguignons [4]. Les chefs de cette nation conquérante prirent bientôt le titre de Rois. Il paraît que ce sont eux qui firent des salines une propriété domaniale ; quant aux forêts, c'est un fait irrécusable, prouvé par la loi des Bourguignons elle-même, qu'ils s'en attri-

(1) Voyez, dans la traduction française de Strabon, par M. Coray, la description du pays des Séquanois, tom. II, pag. 4.

(2) *Histoire de Salins*, par l'abbé Guillaume, de l'académie de Besançon, in-4°. 1758, tom. II, pag. 2.

(3) Ammien Marcellin, liv. XXVIII, ch. 5.

(4) *Idem.*

buèrent la moitié, *jure hospitalitatis* [1]. Voilà le premier titre qui puisse être allégué contre les communes; il est certain qu'auparavant les habitans jouissaient de ces forêts par indivis.

La loi Gombette parle de cette indivision, qui se perpétua même après la conquête et après le partage qui fut fait à moitié [2].

« *Si quis tam Burgundio, quam Romanus in* « *silvâ* COMMUNI *exactum fecerit, aliud tantum* « *spatii de silvâ hospiti suo* (c'est le Bourguignon « usurpateur), *consignet, et exactum quem fecit,* « *remotâ hospitis communione, possideat!* »

Il paraît que l'avidité des conquérans ne se contentait pas de cette moitié: Gondebaud, par l'art. 1er du titre 54 de son code, ordonne à ces hôtes de nouvelle espèce, de restituer sans délai tout ce qu'ils auraient osé usurper au-delà; cette défense n'était pas nouvelle [3], et Gondebaud en la rappelant, la motivait sur le danger d'une conduite contraire, *immemores periculi sui*, dit-il en parlant de ces brigandages.

Cette loi de partage, tous les Bourguignons qui

(1) Voyez la loi Gombette, dans le *Recueil des Historiens des Gaules*, tit. LV, art. 1er, tit. XIII, art. unique; *Chronique de Marius*, ibid., tom. II, pag. 13, *eo anno* (456) *Burgundiones partem Galliæ occupaverunt terrasque cum gallis senatoribus diviserunt*, Dissertation en tête du recueil des anciennes lois françaises, tom. VII, pag. 19 et suivantes.

(2) *Jamdudum statutum est, medietatem silvarum ad Romanos generaliter præcipimus pervenire.*

(3) *Quo tempore populus noster*, dit Gondebaud, *mancipiorum tertiam et duas terrarum partes accepit, ejusmodi a nobis fuerit emissa præceptio.*

vinrent dans la suite prétendirent l'invoquer. On trouve dans les lois qui font suite à celles de Gondebaud, une disposition qui la condamne, et qui par cela même en révèle toute l'iniquité.

« *De Romanis verò ordinavimus ut non* amplius « *a Burgundionibus, qui infrà venerunt, requira-* « *tur, quàm ad præsens necessitas fuerit, medietas* « *terræ* [1]. »

Qu'arriva-t-il de ce système de spoliation? c'est qu'à peine cette monarchie fut établie dans les Gaules, qu'elle y fut renversée par les premiers enfans de Clovis, au commencement du 6e siècle (vers l'an 520). Clovis, lui-même, s'était emparé du pays en une seule campagne.

On rapporte [2] à l'époque de Sigismond, dernier roi de cette dynastie, une charte par laquelle il aurait donné Salins, avec le château de Bracon, au monastère d'Agaune (Saint-Maurice en Valais), avec les terres, maisons, édifices, esclaves, hommes libres, plébéiens, habitans et manans, vignes, champs, prés, bois, eaux, cours d'eau, moulins, etc.

Mais, outre que cette pièce, copiée seulement en 1733, par un notaire apostolique, sur un ancien manuscrit de l'abbaye, ne porte aucun signe extérieur d'authenticité, ni sceau, ni seing, soit du roi, soit de ses officiers, pas même de date, elle est évidem-

(1) Art. II. loi ad., tom. IV, pag. 282, *Recueil des Historiens des Gaules*.

(2) *Preuves de l'Histoire de Salins*, tom. II.

ment apocryphe. Le roi ne pouvait donner ce qu'il n'avait pas, et il est absurde de supposer qu'on ait donné des hommes libres et tous les habitans [1].

Les moines de Saint-Benigne de Dijon ont prétendu à leur tour [2], que leur fondateur avait conquis beaucoup de domaines, de manière que les abbés dans leurs voyages eussent toujours assez de possessions pour y prendre l'hospitalite. Ils ajoutent que près du bourg de Salins (*Burgum Salinas*), les hommes libres s'étaient mis sous son patronage, et lui payaient un cens volontaire.

Saint-Benigne est contemporain de Gontran, roi de Bourgogne, de la dynastie des Mérovingiens (vers le milieu du 6e siècle). Comment concilier ce patronage avec le droit absolu cédé quarante ans auparavant par Sigismond?

Malgré ces prétentions, Salins eut, en 604, la 9e année du règne de Thierry, roi de France, pour patrice, *Protadius* romain, c'est-à-dire un Gaulois, qui n'était pas de la race des Francs [3].

Il n'est plus question de Salins pendant quatre siècles [3]. Sauf l'intervalle brillant qui sépare le siècle de Charlemagne des temps de confusion et d'anarchie de la fin de la première race, et des temps d'usurpation

(1) Laporte Dutheil, dans la préface du *Recueil des Chartes*, a fourni des preuves multipliées de la fausseté de presque toutes les chartes de la première race.

(2) *Chronique du onzième siècle, au Recueil des Historiens.*

(3) Fregedaire chron., pag. 421, tom. II du *Recueil des Hist.*

féodale qui signalent la fin de la deuxième, il n'est pas douteux que ce pays éprouva les mêmes malheurs que le reste de la France : la force y prit la place du droit.

En 1004, c'est-à-dire sous le roi Robert, le comte Othon, fils adoptif de Henri, frère de Hugues Capet, duc de Bourgogne et seigneur du pays, donna à l'église de Saint-Benigne, à Dijon, une chaudière à prendre dans les salines de Salins, ce qui suppose qu'il en était propriétaire domanial [1].

Cette charte fut ratifiée en 1026, par Rodolphe III, roi de la Bourgogne transjurane, et en 1053, par l'empereur Henri III [2].

Nous n'avons pas ici à dissiper les obscurités que présente l'histoire de Salins pendant trois siècles, à cause des prétentions successives des empereurs, des rois de France et des seigneurs du pays. Il est certain que cette ville changea souvent de maître.

La pièce la plus remarquable que nous ayons trouvée, non dans les archives de la ville (l'histoire atteste qu'elles ont péri dans l'incendie de 1336) [3], mais dans le recueil des ordonnances de nos Rois, est une charte de l'an 1249, confirmée par Philippe-le-Long.

Depuis le règne de Louis-le-Gros, les communes

(1) *Chronique de St. Benigne*, dans les *Historiens des Gaules*, tom. X, pag. 175.

(2) V. les *Diplomes*, tom. XI, pag. 549 et 558 du *Recueil des Historiens*.

(3) V. *Dictionnaire de France*, V° Salins.

avaient commencé à s'affranchir de la domination des seigneurs ; celle de Salins obtint alors de Jean, comte de Bourgogne, son seigneur, une charte par laquelle il affranchit entièrement tous les habitans présens et futurs du bourg de Salins, des tailles, pensions, host, chevauchée, et de tous autres droits réels et personnels *justes* ou *injustes ;* leur permet de disposer librement de leurs biens, meubles et immeubles ; leur donne pouvoir d'élire annuellement quatre échevins ou consuls, pour les gouverner de concert avec son prévôt, et de rendre la justice civile et criminelle.

Il stipule simplement quelques corvées pour la conservation des fortifications du bourg et des châteaux de Bracon et de Belin ; les habitans du fort de Bracon sont exclus de la franchise.

Tout étranger qui viendra s'établir dans Salins, paiera au comte quinze sols estevenauts ; en cas de guerre, la commune servira à ses frais le comte pendant huit jours seulement, et si, passé ce temps, le comte ne paie pas la dépense des hommes d'armes, ils peuvent se retirer.

Il stipule un cens annuel déterminé, qui sera levé par les officiers de la commune et par le prévôt.

Il se réserve tout droit de justice dans l'enceinte des murs de Salins, une aide en *argent* pour le cas où il se rendrait dans la Terre-Sainte, où il aurait une fille à marier, ou quelque grande baronie à acquérir.

Cette charte est souscrite aussi par Elisabeth, dame de Salins.

Ces conditions consenties par les habitans d'une ville encore bien petite [1] et peu populeuse prouvent que déjà l'industrie avait fait des progrès, aussi bien que l'esprit public, et qu'on y connaissait le prix de la liberté.

Cette Charte fut confirmée et même amplifiée [2], au mois de mars 1318, par Philippe V, dit *le Long*, et par la reine Jeanne son épouse, à cause d'elle, en qualité de comtesse palatine de Bourgogne, dame de Salins.

Ils s'interdisent de faire emprisonner aucun des habitans, pourvu que justice soit faite pardevant le lieutenant du Roi et les échevins de Salins. Par l'art. 10, les habitans sont autorisés à résister à toute entreprise contre leurs franchises. Par l'art. 11, le Roi s'oblige pour lui et ses successeurs comtes de Bourgogne, de jurer, à son avènement au trône, l'observation de la charte, et de faire prêter le même serment à son lieutenant.

Les ducs Eudes et Philippe, successeurs de la reine Jeanne, confirmèrent les droits et franchises des habitans de Salins, par des chartes du 6 février 1355 et 13 janvier 1356. Le comté de Bourgogne ayant fait retour à la couronne de France par la mort de Philippe-le-Roux, le roi Jean le donna en pairie avec le duché de Bourgogne, à Philippe, son quatrième fils,

(1) Elle était divisée en deux bourgs, l'un le bourg d'en-haut, l'autre le bourg de dessous, ou bourg le Comte. V. Notes du *Recueil des Ordonnances du Louvre*.

(2) *Recueil des Ordonnances du Louvre*, tom. XIII, pag. 441.

par des lettres datées de Germigny, du 6 septembre 1363 [1].

Les ducs de Bourgogne, quelque puissans qu'ils fussent d'ailleurs parmi les princes souverains, ne dédaignèrent pas d'ajouter à leurs titres celui de sires de Salins.

Ici commence la série des titres particuliers qui constatent les droits de propriété et d'usage de la ville de Salins sur les forêts qui l'environnent.

Le 31 janvier 1411, Jean, duc et comte de Bourgogne, SEIGNEUR de Salins, sur la requête des habitans du BOURG-DESSUS (depuis réuni à la ville), exposent que « les bois de *Moydon*, séant entre les bois « de *Seppoy* et les bois de Valempoulières, et aussi « les bois de Fresnoy, séant auprès l'abergement, « dessus Salins, furent et appartiennent de *propre « héritage* à ladite communauté..... Mais que par la « négligence des échevins et gouverneurs qui ont été « audit bourg au temps passé, ils sont demeurés sans « garde... Tandis que s'ils étaient en banc, comme sont « les autres bois, et notamment ceux de *Bourg-Des- « sous* (l'autre partie de la ville actuelle de Salins), « ils pourraient être relevés, et tous les ans on pour- « rait en jouir et revenir une bonne somme d'argent. »

Pourquoi le prince par ses lettres données à Paris, octroya aux supplians licence et autorité de tenir dorénavant *leurs dits bois* en banc, et d'y établir fo-

(1) *Recueil des anciennes Lois françaises*, tom. V, pag. 150.

restiers et gardes, avec amende de soixante sous estevenants contre tout délinquant.

Ce titre est singulièrement remarquable, surtout à cause de son antiquité ; il prouve que les deux parties dont se compose aujourd'hui la ville de Salins avaient des droits considérables et non contestés de propriété, et non d'*usage seulement*, l'un sur la forêt de Moydon et de Fresnoy, la forêt de Moydon existe encore, et elle contient plus de 6,000 arpens; elle est fort bien limitée dans ce titre par le bois de Seppoy, (Spoix dans la carte de Cassini (nord), et le bois de Valempoulières (sud). Quant au bois de Fresnoy, c'est celui qui, par corruption de langage, s'appelle aujourd'hui, selon la carte de Cassini, bois de Ferrey, et qui peut contenir mille arpens.

L'autre partie de la ville avait des droits semblables sur des forêts que le titre ne détermine pas, mais qui sont probablement sa propriéte; puisqu'elle en a produit les titres en 1699.

Quant à la forêt de Lajoux, le titre que nous analyserons ci-après s'exprime assez explicitement à ce sujet.

Nous disons que les droits de la ville sur Moydon et Fresnoy n'étaient pas contestés en 1411 ; en effet on sait, quand il y avait quelque contestation sur la propriété, que les actes royaux ne manquaient pas de faire les réserves accoutumées, *sauf en autre chose notre droit, et l'autrui en toutes.*

Peut-être objectera-t-on que le prince ne prononça

pas sur la légitimité et l'étendue des droits prétendus ; mais on examinera si ce n'est pas le cas d'appliquer la maxime, *in antiquis enuntiativa probant;* d'ailleurs nous les verrons confirmés par des titres postérieurs de 1606 et de 1699.

Ici se présente une réflexion : il fallait que les droits de la ville fussent bien sûrs pour avoir résisté aux vicissitudes des temps, et aux usurpations que les puissantes maisons seigneuriales du pays ne cessaient de tenter. Souvent il est arrivé sans doute que les habitans du pays auront fait des sacrifices pécuniaires pour en obtenir la reconnaissance et la confirmation, car tout se vendait alors, même la liberté naturelle, ainsi que le prouve la charte de 1249, où l'on voit Jean de Bourgogne traiter de ses droits même *injustes* et l'Édit de l'an 1315, de Louis le Hutin.

Il paraît que la même année, les habitans de Bracon, formant encore aujourd'hui une commune rurale qui est comme un faubourg de Salins, s'étaient transportés dans le bois de Moydon et l'avaient saccagé.

Sur la plainte adressée à ce sujet par les habitans du bourg de Salins, le conseil du duc de Bourgogne, assemblé à Dijon, et la duchesse-comtesse palatine et dame de Salins, ayant le gouvernement en l'absence de son mari, firent par des lettres données à Dijon, le 20 juin 1411, défenses à toutes personnes de cueillir bois, ni prendre aucune chose dans lesdits bois et *communaux*.

On a prétendu que quelquefois, dans les anciens actes, on donnait le nom de communaux à de simples droits d'usage. Les conseils examineront si le titre du 30 janvier 1411 n'explique pas celui-ci de manière à prévenir toute équivoque.

On a objecté aussi que ce n'est pas une propriété que celle qui consiste seulement à prendre du bois pour bâtir.

C'est aux conseils qu'il appartient d'examiner si ce n'est pas un droit réel et absolu de propriété, lorsque, comme il est dit dans le préambule des lettres du 20 juin, ce droit consiste à prendre autant de bois que l'on veut (*quand métier a été*), et lorsque, comme les habitans le disent eux-mêmes, il peut leur être plus avantageux de le laisser croître et venir en état.

On conçoit que dans un pays où il n'existait encore ni forges, ni industrie, l'exploitation pouvait être plus onéreuse que profitable.

Les lettres du duc Jean furent expressément et authentiquement confirmées le 1er septembre 1494, par Maximilien et Philippe, comtes de Bourgogne et *sires* de Salins, après l'extinction de la maison ducale de Bourgogne, et la vaine tentative que Louis XI avait faite pour s'en emparer.

En 1432, sous legouvernement de Philippe-le-Bon, duc de Bourgogne, la ville de Salins et les habitans des châtellenies (ou châteaux) de Châtel-Belin et Bracon, avaient à défendre les droits d'usage qu'ils possédaient dans la forêt de La Joux, contre la maison de Châlons, qui était alors la plus puissante de la Franche-Comté, au témoignage de l'histoire, et qui plus tard porta les armes au nom de Louis XI, contre les souverains du pays.

Ce procès fut terminé huit ans après par un arrêt solennel et contradictoire du parlement de Dôle.

Voici l'analyse de ce long procès, tel qu'on le trouve énoncé au préambule de l'arrêt.

Au mois de mars 1432, les habitans avaient obtenu de leur prince souverain et duc, des lettres en cas de saisine et nouvelleté, « pour raison d'usage « que les impétrans prétendaient avoir en certaine « joux, étant près de Salins, et nommée vulgairement « la Joux de Salins. »

Louis de Châlons, prince d'Orange et seigneur d'Arlay, appela de ces lettres au parlement de *Dôle ;* les habitans qui les avaient perdues par cas de *fortune* et *mutation* de leurs officiers, en obtinrent de nouvelles le 3 avril 1435.

Le parlement les admit à poursuivre leur action en complainte ; ils exposèrent « qu'il était vrai que « ceux dites villes et châtellenies du bourg Dessus « de Salins, de Bracon et de Châtel-Belin, et des « villages voisins ressortissans en icelle, ont de « *grande ancienneté* plusieurs beaux droits qui leur « compètent et appartiennent de si long-temps « qu'il n'est mémoire du contraire, et spécialement « au bois (ils ne disent pas l'usage du bois, mais « le bois lui-même,) appelé vulgairement la Joux de « Salins, autant qu'elle se peut étendre du long et du « large, dans un lieu appelé le Secy de Chalamont, « tirant au chassant demy-bois, et à une croix étant en

« haut des Gittes demy-bois, laquelle croix départ « ladite Joux de Salins, et celle de Nozeroy, tendant « ès plaines de Plenize, et jusques près le village d'On- « glières, tirant contre le village de Supt, toujours au « bois de la Joux, appartenant à notre dit cousin, ap- « pelé Combelevin, venant au long de ladite Joux, par « un lieu appelé Montranson, sans ses autres confins « à déclarer si métier était. »

Dans la carte de Cassini on trouve au coin de la forêt de la Joux, qui a encore aujourd'hui plus de 7,000 arpens, un point central et méridional appelé la Joux, sur le parallèle du château de Plenize. On y trouve aussi à l'ouest Stupt, au sud Onglières, vers Nozeroy, Plenize sud-est, l'oratoire de Chalamont fort loin au nord.

Les habitans après avoir exposé qu'ils avaient droit de prendre et couper toute espèce de bois dans ladite forêt et d'en vendre, disaient qu'il n'était pas vrai que le fonds appartînt en propriété et possession au prince d'Orange; qu'au contraire on devait décider qu'elle compétait et appartenait par droit de *communauté* auxdits habitans.

Le prince répondit 1° par une fin de non-recevoir, tirée du défaut de qualité de ceux qui se disaient les procureurs des communautés; « 2° que lui compétaient « et appartenaient plusieurs beaux droits, hautesses et « seigneuries, mêmement que par partage fait par feu « Jean de Châlons, seigneur de Salins et de Bracon, « entre ses enfans, lui compétaient et appartenaient « les seigneuries de Nozeroy et de Chalamont, et à « cette cause grand territoire étant et appendant des-

« dites seigneuries, et en icelles plusieurs Joux noi« res, et bois à lui banaux, étant en de ses seigneu« ries, mêmement et comme spécialement partie et « des appartenances desdites seigneuries de Nozeroy « et Chalamont... duement en propriété, seigneurie « et possession, était le bois contentieux que les im« pétrans nomment la Joux de Salins, qui saulne leur « rendue était autrement nommée, c'est à savoir le « bois d'Onglières et par toutes gens ayant connais« sance desdits bois, et en tous les lieux voisins d'i« celui, est nommé et appelé bois d'Onglières, et tou« che d'une part à la queue de l'étang de la Vouetre, et « dure jusqu'aux Harvaux, et de là à la croix qui est « en plein de la porte de Morman, et comme l'on va « à Saint Germain, et de là tirant par-dessus le bois « de Morman à la noire fontaine, sous Garde-Bois, « et de là à l'estruse et au bief de Montranson et à « Roichet dessus Montmarlon; (ce dernier point est « sur la carte de Cassini nord-ouest de la forêt, près le « chemin de Salins), appelé le rochet d'Orbayhe, et « de là à la queue de l'étang de Lemuy, et ès ayes dudit « Lemuy, et de là à la grange de Montorge, tirant par « les Rabbatoux, par les cey dudit Chalamont. (Mon« torge est sur la carte de Cassini, au nord de la forêt « ainsi que Chalamont.) La choucoune et à la fon« taine du Neuf, et à Toillon de Long-Chaux, à Ro« chepin, et de là à la Condique, et au chemin ap« pelé le chemin de Cuvier, tendant à Fresne. (On » trouve Courvières dans Cassini.)

« Tout lequel bois qui est grand et spacieux et même« ment le bois contentieux, est nommé le bois d'On-

« glières, et les forestiers et gardes sont appelés les « forestiers d'Onglières, par tous ceux qui dudit « bois ont connaissance, et si est ledit bois enclavé « entièrement en sa seigneurie. »

« Était vrai, ajoutait le prince, que ses prédéces- « seurs et seigneurs de Nozeroy et de Chalamont, et « habitans de plusieurs villages desdits bois, avaient « baillé, octroyé et délivré leurs usages, pour leurs « affouages, et pour mener vendre en la saulnerie de « Salins, en par eux payant annuellement certaine « grosse somme d'argent, de cire et autres redevan- « ces, et pour ce que ledit bois était grand et spacieux, « ils avaient fait aborner les limites et déclarer les « lieux et places pour lesquels ils avaient baillé usage « esdits villages et habitans en iceux. »

Il soutenait que ledit bois lui appartenait en propriété, et que nul n'y pouvait couper bois sans sa licence.

Sur ces débats respectifs une enquête fut ordonnée. Cependant on adjugea aux habitans une provision à laquelle le prince résista autant qu'il put, et même par voie de fait, au point qu'il fut rendu plainte d'attentat contre la cour.

Les parties comparurent et furent entendues le 15 février 1440, le procès fut ensuite instruit par écrit :

Enfin l'arrêt définitif fut rendu le 17 mai en ces termes :

« La Cour maintient et garde les habitans du bourg « de Salins et des châtellenies de Bracon et de Chatel- « Belin, ensemble ceux des villes de Clucy et de La- « bergement, en possession et saisine du droit de l'u- « SAGE de prendre, et amener, *toutes fois qu'il leur*

« *plaira,* dudit bois de Joux de Salins, tant qu'il se « peut étendre selon les limites ci-dessus déclarées, « en quelle *qualité* ou QUANTITÉ que bon leur sem- « blera, pour MAISONNER, *édifier*, et pour leur chauf- « fage ou usage, pour le VENDRE et exploiter à leur « profit et utilité en notre dite saulnerie, et pour en « faire leurs autres nécessités, et des *autres* DROITS « dessus à plein déclarés;

« Et défend audit opposant, et à ses gens, forestiers « et officiers, que dorénavant ils ne troublent et empê- « chent lesdits habitans en leurs dites possessions et « saisines. »

On pensera, sans doute, que les droits des habitans de Salins étaient évidens, et que l'enquête leur avait été bien favorable, puisqu'ils triomphèrent du crédit d'un adversaire aussi puissant, qui mit dans le procès une telle tenacité, et entrava le cours de la justice par des appels réitérés et presque scandaleux.

C'est un principe qui paraît consacré par tous les droits *d'usage* proprement dits, qu'ayant été créés pour la nécessité, il ne doit jamais être permis aux usagers de les prendre à volonté, et surtout de les vendre.

Si donc, il a été jugé en 1440, contradictoirement avec le propriétaire prétendu de la forêt de Lajoux, que les droits des habitans de Salins excluaient la nécessité de la délivrance, qu'ils allaient jusqu'à la faculté de prendre autant de bois et d'aussi beau qu'ils voulaient, non pas seulement pour le chauffage, pour réparer ou reconstruire leurs maisons, mais aussi et principalement, pour vendre tout ce qu'ils auraient coupé, n'en faut-il pas conclure qu'ils avaient droit de se dire aussi propriétaires de la forêt de Lajoux, et de la ranger parmi leurs communaux ?

Qu'il ne restait plus au prince que ce dont ils ne voulaient pas, et qu'ainsi son droit de propriété, s'il en avait quelqu'un, ce que l'arrêt de 1440 ne dit pas expressément, était moindre que celui des habitans.

Voilà les titres primordiaux sur lesquels la ville de Salins fonde aujourd'hui ses prétentions.

En 1497, le Bourg-le-Comte, ou la ville de Dessous et le bourg de Dessus, furent réunis par des lettres de l'archiduc Philippe, en une seule et même ville, qui est Salins d'aujourd'hui.

En 1606, les archiducs Albert et Isabelle, comtes de Bourgogne et seigneurs de Salins « désirant pour- « voir convenablement à la bonne conduite et à la mé- « nagerie des bois destinés à la cuite des *muires* de « la grande saulnerie de Salins, et à la conservation d'i- « ceux, firent un réglement de police générale.

On dressa le rôle de ceux qui avaient fait apercevoir avoir droit d'usage, coupage ou pâturage et bois destinés à la cuite des *muires*, dont ils pourront jouir, dit le texte, *aussi avant* que l'usage s'étend.

Bois de Moidon. « Audit bois ont droit d'USAGE, « de prendre et couper tous bois tant gros que me- « nus, pour en faire leur nécessité et volonté, les ma- « nans et les habitans de Salins.... de Montrond.... « de Molain.... de Bezain qui ont aussi droit pareil « au bois de Mauronchet... et encore audit Moydon... « ceux de Bracon. »

Salins et cinq autres communes sont tenues de nommer deux forestiers; Bracon et autres, deux; Montrond et autres, deux.

Quant aux Joux de Salins et d'Onglières (car on les réunit dans ce réglement, ainsi que le faisait le prince d'Orange lors du procès de 1440), voici comment on s'exprime :

« Les Joux et en dedans des limites y respectivement « mentionnées ont droit, les communautés et parti-« culiers ci-après mentionnés, le tout en conformité « des titres par eux exhibés :

« 1º Dès le seey de Chalamont tirant au chauffage « de my bois, à une croix étant au haut du gy de « my bois, laquelle croix départ la joux de Salins, « et celle de Nozeroy jusques ès plaines de Plenize, et « jusqu'auprès du village d'Onglières tirant contre « Stupt par-dessus Combalerin, jusqu'à un lieu ap-« pelé Montrançon. »

(On voit qu'on a copié à peu près la désignation du titre de 1440).

« Les manans ou habitans du bourg dessus Salins « et Chatellenies de Bracon et Chatel-Belin, et des vil-« lages de Clucy et Labergement, ont tous droits « d'usage, même pour amener bois en la grande saul-« nerie de Salins, sous le cret de paux du seigneur. »

Le reste intéresse d'autres communautés qui sont maintenues même dans le droit de vendre, pourvu que ce soit à la saline.

Cet état fut arrêté par trois commissaires, le 15 décembre 1606, en la ville de Dòle.

Ce réglement mérite d'autant plus d'attention, que

celui de 1727 le rappelle et semble l'avoir pris pour modèle.

On voit qu'il ne va pas jusqu'à dénier aux habitans les droits qu'ils avaient sur la forêt de Lajoux; on les qualifie vaguement; on ne spécifie pas que le droit consiste aussi dans la faculté illimitée de prendre du bois pour maisonner; à l'égard du bois pour *vendre*, on le transforme en un droit d'amener dans la grande saulnerie, et on ajoute ces expressions dont le sens est inconnu, sous le *cret de paux du seigneur*. On croit qu'elles signifient que le seigneur, maître de Salins, aura le droit exclusif de les acheter.

Le Domaine qui revendique aujourd'hui les forêts de Lajoux et de Moydon, n'a pas d'autre titre apparent à cette propriété, que celui attaché à la propriété de la saline; car il résulte des titres postérieurs à la réunion de la Franche-Comté à la France, que ce n'est pas lui qui a succédé à la maison de Châlons, mais le prince d'Isenghien (Arrêts du conseil du 4 mai 1702, 27 juillet 1734).

Cette conjecture est fortifiée par le droit de copropriété que déjà les commissaires ont attribué, sans titre, aux archiducs Albert et Isabelle, dans la forêt de Moydon, qui appartenait sans partage à la commune de Salins, aux termes des titres de 1411 et de 1494. Il faut avouer que jamais le droit de police et surveillance n'aura été plus habilement converti avec le temps en un droit de propriété.

Pour comprendre ce qui s'est passé depuis le réglement de 1606, il faut rappeler ici les innovations que l'ordonnance de 1669 a amenées dans le régime forestier de France.

Les rédacteurs de cette ordonnance ont à dessein, peut-être, confondu les usages concédés à titre gratuit et ceux fondés en titres, qui étaient le reste de droits plus étendus, entiers et parfaits.

On sait que les art. 1 et 10 du titre XX, dont on a tant abusé par la suite contre les usagers, abolissent tous les droits de chauffage et tous bois d'usage à bâtir et à réparer, dont les forêts royales étaient alors chargées.

On a trop souvent oublié que pour qu'il y ait lieu à l'application de ces articles, il faut qu'il soit constant : 1° que ce sont de simples droits d'usage et non des droits de propriété qu'il s'agit; 2° que les forêts qui en sont chargées soient réellement reconnues domaniales.

Autrement, n'eût-il pas été d'une iniquité révoltante, que le Roi se fût servi de sa puissance législative, pour s'emparer de la propriété des particuliers ou des communes usagères?

Les droits d'usage établis par titre ne sont-ils pas des droits réels et de propriété? Est-il permis de s'en emparer plutôt que d'autres biens sans indemnité?

L'ordonnance de 1669 elle-même a fait exception quant à la suppression, des droits de ceux qui justifieraient d'une possession *antérieure à* 1560, *ou autrement à titre onéreux*, et elle leur a attribué un dédommagement à régler par arrêts du conseil; jusqu'au paiement de cette indemnité, les usagers doivent continuer d'en jouir.

Si cette grande ordonnance est justement renommée par sa sagesse, quant aux mesures de police qu'elle a établies pour la bonne administration des forêts, elle a essuyé beaucoup de critiques dans les points qui portaient atteinte au droit de propriété; l'extension que les agens de l'administration et certains tribunaux d'attribution ont donnée aux dispositions concernant les usagers a excité des réclamations universelles, et une résistance qui s'est souvent manifestée par des révoltes et des désordres graves, ainsi que nous le prouverons bientôt en ce qui concerne la Franche-Comté.

On sait d'ailleurs que cette ordonnance enregistrée par force au parlement, et en la Chambre des comptes de Paris, le 13 août 1669, a éprouvé des difficultés souvent insurmontables dans son exécution.

A l'époque où cette loi fut rendue, la Franche-Comté n'était pas encore réunie à la couronne. Elle ne fut enregistrée au parlement de Besançon que le 27 avril 1694, en vertu de lettres-patentes du 13 mars, dans le préambule desquelles le Roi dit, qu'il s'était d'abord borné à approuver et autoriser les ordonnances particulières de la province sur les eaux et forêts.

La Franche-Comté au moment de sa réunion avait stipulé, par l'organe de son parlement, le maintien de ses priviléges, franchises et immunités.

La capitulation de 1668 porte : Art. 1er, que toutes choses demeureraient en la Franche-Comté au même état qu'auparavant. (Art. 4.) Que les institutions, établissemens et instructions du parlement, seraient observés et suivis comme par le passé, la justice administrée et exercée selon le droit canon, les lois romaines, les coutumes, ordonnances et édits de ladite Franche Comté, *et non autres*.

(Art. 7.) Que les ordinaires du sel de Salins seraient délivrés comme par le passé, et délivrés par préférence à tous autres, sans imposition ni surhaussement.

Le Roi prêta le 14 février 1668 le serment solennel d'observer cette capitulation, qui devint définitive par le traité de Nimègue, publié le 3 février 1679.

Il fut aussi stipulé le 25 février 1675, que les Francs-Comtois ne seraient jamais traduits hors de leur ressort, soit en matière de propriété, soit en matière criminelle ; et il existe dans le recueil des lois de la province, de fréquens arrêts du conseil qui ont rétracté les actes souverains contraires à cette stipulation.

A peine l'ordonnance de 1669 ou plutôt celle du 13 mars 1694 était publiée, que le grand-maître nommé pour la province voulut montrer son zèle, en suspendant l'exercice des droits de la ville de Salins.

Les mayeur, capitaine, échevins, conseillers, etc., de la ville produisirent leurs titres, pour faire lever l'obstacle nouvellement donné à leur jouissance.

Ils disaient que ces titres contenaient plusieurs raisons *invincibles*, *et justification* des droits à eux appartenans dans les bois de La Joux de Salins, Moydon, Fresnoy, et même dans ceux de Sepoy et Valempoulières. A l'égard de ceux-ci, l'assertion est remarquable ; car c'est la première fois qu'il en est question.

Le grand-maître ordonna la communication de la requête aux officiers de la maîtrise, qui cette fois dirent nettement, et pour la première fois aussi, que la forêt de Moydon appartenait à *S. M.*, que le droit des réclamans sur les forêts de Fresnoy, Sepoy, Valempoulières, ne paraissait pas fondé, *leur droit ayant été prescrit par la non-jouissance.*

Ainsi l'on ne nie pas que les titres produits à l'égard de ces bois ne fussent aussi probans que les autres.

En conséquence de cet examen, le grand-maître donna, le 1er juillet 1699, son ordonnance provisoire, par laquelle il estime, *sous le bon plaisir du Roi*, qu'il y avait lieu « de maintenir et garder les maire, « échevins, bourgeois et habitans de la ville de Salins « dans leur droit d'*usage* dans le bois de Moydon *seu-« lement*, et les habitans du bourg Dessus de ladite « ville dans le bois de La Joux, puisque, dit-il, ces « usages ne peuvent faire aucun tort à l'usage des « salines, à condition cependant qu'ils ne pourront « prendre et faire couper aucuns bois dans ceux ci-« dessus spécifiés, qu'en conformité des ordonnances « de S. M., et en vertu de délivrance, et à la charge « de se pourvoir dans trois mois pardevers le Roi, « pour obtenir, *si tel est son bon plaisir*, un arrêt de « confirmation dudit droit. »

Est-ce à dire que si le bon plaisir du Roi eût été de confisquer l'entière propriété des habitans, cela eût été légal, ainsi que M. le grand-maître semble le supposer? C'est sur ce point essentiel que nos conseils auront à s'expliquer, parce que le réglement de *Maclot* s'exprime à ce sujet d'une manière encore plus tranchante, en les supprimant tout-à-fait.

Trois remarques principales semblent devoir être faites sur cette décision du grand-maître : 1° appartenait-il aux officiers du prince de décider sur des questions de prescription et de propriété, et de déclarer ainsi les habitans déchus de leurs droits dans les bois de Fresnoy, Sepoy et Valempoulières, à l'appui desquels on avait produit des titres qu'ils ont sans doute gardés, puisqu'on ne les retrouve plus et qu'ils n'en dénient pas l'existence?

2° A l'égard du bois de Moydon, les habitans de Salins ne prouvaient-ils pas leur droit de propriété et non un simple usage?

3° A l'égard du bois de La Joux, sont-ce seulement les habitans du bourg Dessus, ou n'est-ce pas au contraire la ville ou communauté tout entière qui avait un droit, et ce droit ne lui appartenait-il pas dès l'origine *ut universi?* n'est-il pas illimité et indéfini?

Ou s'agit-il simplement du droit d'un certain nombre de maisons usagères?

M. le grand-maître renvoyait la ville de Salins à faire juger son droit de propriété au conseil du prince, et c'est précisément ce que défendaient les capitulations de la province; aussi ne s'est-elle pas pourvue.

Un édit du mois de février 1704, envoyé au parlement de Besançon, et qui n'a point été rapporté depuis, semble les en avoir dispensés.

Cet édit, en supprimant la juridiction dite des tables de marbre, créa au sein de chaque parlement une chambre, « pour connaître exclusivement de toutes

« instances et procès *civils* et criminels, contenant « les fonds, PROPRIÉTÉS, et contestations de nos eaux et « forêts, îles, etc.

« Déclarons nuls, dit l'art. 5, tous jugemens rendus « en d'autres juridictions. »

« Et d'autant plus que les grands maîtres sont les « principaux officiers des eaux et forêts, » L'art. 15 leur confère le droit d'y siéger avec voix délibérative.

L'art. 18 veut aussi que toutes lettres-patentes relatives aux eaux et forêts, soient enregistrées dans lesdites chambres, et que les grands-maîtres ne les exécutent qu'après cet enregistrement.

Cette disposition, le recueil en 4 vol. in-f°. des lois de la Franche-Comté depuis 1668 jusqu'aux premières années de Louis XVI en fait foi, a été exécutée à l'égard d'une foule de réglemens pour les eaux et forêts [1]; la question de savoir si ceux qui n'ont pas subi cette vérification indispensable sont nuls de plein droit, sans qu'il soit besoin de se pourvoir, comme pour l'ordonnance du grand-maître de 1699, est la principale de celles que les conseils auront à examiner.

Un arrêt du conseil du 9 mai 1724, publié le 18, avait, sur les remontrances du parlement, révoqué

(1) On peut citer à cet égard même une déclaration royale du 10 octobre 1755, sur l'exécution des arrêts, ordonnances et mandements du grand conseil dans l'étendue du royaume.

Le parlement fit des remontrances contre cette loi qui était contraire aux priviléges de la province. Le chancelier répondit qu'il y avait eu erreur dans l'envoi.

les arrêts précédens rendus pour la réformation des forêts de la province.

La même année, l'on fit un réglement sur l'exploitation de la forêt royale domaniale de Chaux ; mais l'arrêt du conseil intervenu à ce sujet fut revêtu de lettres-patentes le 21 octobre 1724, et ces lettres-patentes furent elles-mêmes enregistrées au parlement de Besançon le 23 novembre.

La même formalité fut remplie, sur un arrêt du conseil du 24 janvier 1730, qui autorisait la coupe de 730 pieds d'arbres dans les bois de diverses communes.

Sur un arrêt du conseil du 8 mars 1730, qui réglait les droits d'usage de 37 communes dans la forêt de Chaux.

Sur un arrêt du conseil du 22 avril 1730, relatif à l'établissement des gardes dans les mêmes forêts ; on déchargea les communautés qui, dit-on, d'après l'usage anciennement établi dans la Franche-Comté, mettait à la charge des paroisses lesdits gardes, et les rendait responsables civilement des délits.

Sur deux arrêts du conseil des 30 août 1730 et 17 octobre 1733, relatifs à l'exploitation du bois de chauffage pour Besançon.

Sur un arrêt du conseil du 3 avril 1731, relatif aux coupes de la forêt de Chaux.

Sur un arrêt du conseil du 1er mai 1731, relatif aux autres forêts royales de la province.

Sur un arrêt du conseil du 27 juillet 1734, relatif au gruyer général des bois de la maison de Châlons.

Sur un arrêt du 31 mars 1744, relatif à l'état des chauffages, pacages et pâturages de toute la province, excepté ceux de la maîtrise de Salins.

Sur un arrêt du conseil du 19 janvier 1766, qui rétablit les droits d'usage dans la forêt de Lachaux, supprimés par l'arrêt du conseil du 30 octobre 1724, parce que les habitans s'étaient révoltés : on prit le parti de les continuer dans leurs droits (art. 14).

On en pourrait citer d'autres encore.

Il est singulièrement remarquable que le recueil des lois et réglemens enregistrés au parlement de Besançon, contient les réglemens relatifs à toutes les forêts de la province, à l'exception de celle de la maîtrise de Salins.

Réglemens de Maclot, objet de la contestation.

Voici à cet égard ce qui s'est passé: nous tirons nos renseignemens d'un registre provenant du greffe de la maîtrise, paraphé à toutes les pages par le commissaire Maclot :

Le 18 janvier 1724, un arrêt du conseil des finances, rendu sur le rapport du contrôleur-général Dodun, a commis Maclot, grand-maître des eaux et forêts du département de Champagne, pour procéder à la visite et reconnaissance, et dresser procès-verbal de l'état, âge, consistance, nature et qualité de tous les bois, tant de S. M., que des particuliers et communautés destinés à l'usage des salines, lesquelles étaient tombées en pénurie de bois, pour ledit procès-verbal vu et rapporté au conseil avec l'avis du sieur Maclot, sur les aménagemens qu'il convient faire, être ensuite ordonné ce qu'il appartiendra.

On ne sait pourquoi le sieur d'Auxy, qui était alors grand-maître des eaux et forêts de la Franche-Comté, ne fut pas aussi de cette commission.

Un second arrêt du 2 mai 1724, rendu après la visite de M. Maclot, ordonna qu'il serait par lui procédé à la réformation de tous les bois « tant futaie « que taillis appartenant à S. M., que de ceux qui ap« partiennent aux particuliers et communautés, les« quels sont destinés ou affectés à l'usage des salines « de Salins; qu'il serait par lui procédé à la recon« naissance de tous les délits, usurpations et défriche« mens commis dans lesdits bois, dont il dressera « des procès-verbaux, pour sur iceux et son avis, « être ordonné au conseil ce qu'il appartiendra, « comme aussi qu'il sera procédé à l'arpentage; a or« donné aussi, conformément à l'ordonnance de 1669, « que tous particuliers et communautés eussent à pro« duire dans le mois *leurs titres de propriété* ou « *d'engagement*....... Veut aussi, S. M., que tous « particuliers et communautés ayant droit d'usage « dans les forêts royales, fussent tenues de produire « leurs titres pour y être fait droit au conseil..... Or« donne aussi qu'il sera procédé au réglement des « coupes.... Qu'il sera nommé des gardes pour les « particuliers et communes dont les bois sont affectés « aux salines. »

Cet arrêt n'a pas été suivi de lettres-patentes, ni enregistré au parlement de Besançon; s'il l'eût été, on doit présumer que ce parlement eût fait des remontrances, comme il l'a fait fréquemment en pareille occasion (les registres en font foi); le recueil des lois de la province fait souvent mention du succès par lui obtenu.

1 N'était-ce pas au grand-maître de la province de dénoncer à la chambre des eaux et forêts, instituée par l'édit de 1704, et confirmée à plusieurs reprises, notamment le 8 octobre 1725, par déclaration enregistrée le 13 novembre, les délits et malversations?

2°. N'était-ce pas à cette chambre de statuer sur tous les droits de propriété, à l'exclusion du conseil, conformément au droit commun et aux capitulations de la province toujours observées?

La production des titres avait lieu, sans préjudice de la juridiction du parlement, dans le cas où le domaine éleverait quelque contestation; il en est de même aujourd'hui des productions de titres ordonnées par les lois de l'an XI et de l'an XII.

3° Quant au droit de faire des réglemens de police, suffisait-il d'un simple arrêt du conseil, pour dépouiller le grand-maître de la province d'attributions exclusives, qui lui sont dévolues par l'ordonnance de 1669? Cet arrêt du conseil n'ayant pas été revêtu de lettres-patentes enregistrées au parlement, pouvait-il déroger aux lois d'état?

On observera aussi, en passant, que le rédacteur de l'arrêt semble établir en principe, que toutes les forêts du voisinage des salines leur sont affectées comme par une sorte de droit régalien; et que si ces salines sont en pénurie de bois, les particuliers et communes doivent lui en fournir de préférence, et faire taire leurs propres besoins.

Ces observations toutefois paraîtront peut-être prématurées, en ce qu'il n'y a rien dans cet arrêt qui ait conféré au commissaire le droit de statuer comme *juge* sur la validité ou l'étendue des titres, et d'exproprier de sa seule autorité les communes et les particuliers.

Un 3e arrêt du conseil du 2 mai 1724, nomma un procureur du Roi pour assister M. Maclot, et autorisa celui-ci à déléguer, pour l'instruction, deux maîtres particuliers.

Un 4e arrêt, du 8 août, l'autorisa à poser des bornes provisoires, relativement aux usurpations commises, dit-on, en grand nombre, par les riverains des forêts, depuis les réglemens d'Isabelle en 1606.

Un 5e arrêt du conseil du 8 août autorisa M. Maclot à commettre des gardes, et ordonna aux particuliers et communautés propriétaires de bois affectés aux salines, d'en établir aussi pour leur part.

Le 21 août, un 6e arrêt du conseil, considérant que les bois anciennement affectés aux salines ne suffisaient pas, et qu'il était nécessaire d'y affecter une partie des forêts en futaies de S. M., mit en réserve pour cet effet :

	arpens.
La forêt de Mouchard de. . . . . (2 lieues Ouest de Salins).	1,200
Celle du seey de Chalamonde . . . . (3 lieues environ Est de Salins).	970

Celle de Fresse. 2,500
(3 lieues Sud de Salins).

Et deux cents arpens de la forêt de La Joux, y compris le Combelevin. 2,000

Total. . . . 6,670

On observe que par ce moyen, il restait libre sur la forêt de La Joux plus de 5,500 arpens pour satisfaire aux besoins de la ville de Salins, et que la forêt de Moydon est entièrement respectée, ainsi que les bois de Sépoix ou Spoix, Fresnoy et Valempoulières.

Par un 7e arrêt du 29 août, le conseil des finances abolit la méthode de façonner les bois en fassins, et de les recevoir en estimation, ce qui peut-être était un objet de simple police.

Par un 8e arrêt du 10 octobre, le même conseil autorisa l'adjudication des exploitations et voitures de bois à la saline pendant six années en faveur de Joseph Beaux.

Par un 9e arrêt du conseil, l'adjudication faite au sieur Beaux fut confirmée.

Enfin, par un dernier arrêt du conseil du 7 août 1725, il fut ordonné qu'il serait informé des usurpations et dégradations dans les bois affectés aux salines, pardevant M. Maclot, jusqu'à sentence définitive, sauf l'appel au conseil, la connaissance en étant interdite à tous juges et tribunaux.

Cette suite d'arrêts évidemment dictés par M. Maclot, doivent pour la plupart, et surtout le dernier, avoir été surpris à la religion du Roi et du conseil. Il était impossible d'attaquer plus ouvertement, et le privilége des Francs-Comtois de ne pouvoir être distraits de leurs juges naturels et traduits hors du ressort, et les attributions exclusives de la Chambre des eaux et forêts, et les pouvoirs du grand-maître, et les ordonnances de 1669 et 1716.

La surprise, au reste, ne fut pas de longue durée; car cette même année 1725, le 8 octobre, c'est-à dire deux mois après le dernier de cette longue série d'arrêts, le Roi donna, non pas un arrêt du conseil, mais une déclaration solennelle, enregistrée au parlement de Besançon le 13 novembre, qui confirme la Chambre des eaux et forêts dans sa juridiction, qui, comme on l'a vu, était exclusive.

Cette circonstance explique pourquoi les arrêts du conseil des finances que nous venons de citer n'ont pas été revêtus de lettres-patentes, ni présentés à l'enregistrement au parlement. Si on l'eût fait, il est probable que les magistrats s'en seraient expliqués avec autant d'énergie qu'ils le firent le 13 janvier 1719, à l'égard d'un réglement du grand-maître ordinaire Durand d'Auxy.

Toutefois il paraît que par son zèle M. Maclot, qui n'était lui-même qu'un grand-maître, avait obtenu de l'avancement; car dans son réglement général du 1er avril 1727, il prend la qualité de conseiller d'état, commissaire départi, et ancien grand-maître.

Le préambule de ce réglement mérite toute notre attention, en voici le texte:

« L'avantage dont la nature a favorisé la ville de « Salins par l'abondance des sources salées et des « forêts en futaie et taillis qui l'environnent, aurait

« engagé ses souverains, pour profiter de ces eaux « et les convertir en sel de bonne qualité, non-seule- « ment pour la province de Comté, mais aussi pour « l'étranger, à faire plusieurs ordonnances pour l'ad- « ministration et aménagement de ces forêts ; et comme « dans ce temps, la province n'était pas unie à la cou- « ronne, et que depuis on a négligé ces ordon- « nances sans suivre celle de 1669, les forêts admi- « nistrées arbitrairement par les fermiers, sans au- « cune règle dans les exploitations, ni délaissement « de baliveaux, et les usagers abusant de leurs droits, « les salines de Salins tombées en pénurie de bois, « S. M. par arrêt du 18 janvier 1724 (il rend compte « de sa mission, rappelle les arrêts des 15 février, « 2 mai, 8 et 29 août 1724 ; puis il ajoute) :

« Comme il ne suffit pas d'avoir établi l'ordre et la « discipline dans ces forêts, si par des réglemens con- « formes à leur nouvelle administration, à l'ordon- « nance de 1669, et à celle de l'archiduchesse Isabelle, « on ne constate un corps de lois claires, précises et « certaines qui dissipe toute l'obscurité des précé- « dentes ordonnances, ne laissant plus de prétextes « et d'exemples à ceux qui pourront tomber en faute.

« Nous, sous le bon plaisir du Roi, Ordonnons « que les articles ci-après rapportés, ainsi que nos « réglemens, seront exécutés selon leur forme et « teneur ;

« Enjoignons aux officiers de la maîtrise de tenir la « main à leur exécution, ainsi qu'à l'ordonnance de « 1669, et édit de 1716, *en ce qui n'est point con- « traire à nos réglemens.* »

On voit quelle haute idée ce commissaire se faisait de ses pouvoirs, puisqu'il se croyait en droit de déroger même aux actes de la puissance souveraine et législative du royaume.

Il reconnaît toutefois, que les arrêts du conseil des 8 et 29 août 1724, qui affectent aux salines plus de 6,000 arpens dans les forêts de sapins du Roi, y ont suffisamment pourvu.

Dès lors il ne s'agissait pour lui que de faire un réglement de simple police, pour réprimer les abus et malversations. Mais on va voir par l'analyse des articles de son réglement, qu'au lieu de s'en tenir dans ces limites si justes et si naturelles, il a réellement et de fait exproprié la ville de Salins, et d'autres communes, de leurs droits de propriété et d'usage.

Voici ce qu'on lit, au titre des bois à bâtir, pag. 25 et suivantes du réglement :

« Des bois à bâtir, consacrés aux communautés « usagères dans les forêts du roi :

« La conservation des forêts en futaies de sapin « étant une des parties les plus importantes au do- « maine de Salins, et leur mauvais état provenant des « abus et délits qui ont été faits par plusieurs particu- « liers et communautés qui prétendaient avoir droit « de prendre tous bois pour construction et rétablis- « sement de leurs maisons, ainsi que pour fermer « leurs héritages, et par l'examen des titres à nous « représentés, ayant reconnu que le principal abus « était l'usage indéfini dans chacune forêt, nous nous « serions déterminés, en rappelant les communautés « que nous avons conservées dans l'usage des bois à

« bâtir, de leur fixer des cantons où il leur sera fait « des délivrances, que nous avons fait séparer et dis- « traire des forêts, et le mauvais usage de construire « les maisons toutes en bois, même les aires des gran- « ges, écuries et étables, quoique la pierre soit très « commune, ce qui fait une consommation infinie de « bois, et occasionne de fréquens incendies qui ten- « dent à la destruction des forêts;

« Nous ordonnons que, dans les forêts et les can- « tons ci-après désignés, et dans les formes y pres- « crites, il ne sera, à l'avenir, délivré aux usagers « que les bois nécessaires pour la charpente des toi- « tures, couvertures de bardeaux, poutres, solives « ou plots pour planchers de chambres, greniers à « grains, cloisons de séparation, portes et fenêtres, « et non pour tous autres usages; en conséquence, « nous avons conservé et maintenu les habitans et « communautés ci-après, *en cas d'incendie ou au- « tres cas fortuits*, dans le droit de prendre les bois « nécessaires pour la restauration de leurs maisons, « ainsi que des églises et presbytères dont elles sont « chargées, savoir : »

Si M. le commissaire s'était borné à réprimer les abus des usagers; si même, interprétant les anciens titres, il avait décidé qu'ils ne s'appliquaient qu'aux toitures, etc., en ordonnant que le surplus serait construit en pierre, on pourrait dire qu'il a fait un légitime emploi de son pouvoir.

Mais aller jusqu'à limiter, en cas d'incendie et cas fortuits, l'exercice d'un droit que les anciens titres disent formellement consister « dans le droit de prendre telle quantité ou qualité que bon semblera pour maisonner et édifier, » conséquemment pour construire de nouvelles maisons, comme pour les réparer, c'est évidemment déchirer le contrat, c'est se faire juge et partie.

Ou bien, si jugeant ces droits de Salins et des autres communautés à cause de l'indivision, trop difficiles à déterminer ou à surveiller, surtout à cause du droit de *prendre pour vendre*, et qu'il eût ordonné ce qu'on appelle aujourd'hui un *cantonnement*, cela se concevrait encore.

Mais si c'est le mot qu'il emploie, ce n'est pas la chose : un cantonnement est un partage, c'est la conversion d'un droit d'usage ou de servitude en un droit absolu de propriété. Mais on va voir que M. Maclot renferme ou prétend renfermer les usagers dans un cercle déterminé et limité, de manière qu'il y ait impossibilité même de subvenir aux cas fortuits ou d'incendie.

Peu importe, ce nous semble, que ce soit l'intérêt du domaine de Salins qui provoque M. le commissaire à cette mesure. Le domaine n'a pas le droit de s'enrichir aux dépens des habitans. Si M. le commissaire croyait que les titres des usagers à cet égard étaient vicieux, il pouvait les attaquer, au nom du domaine, devant le parlement de Besançon; s'il les trouvait réguliers, il devait les respecter.

Supprimer sans indemnité un droit tel que celui d'exploiter un bois pour le vendre, est un acte d'autorité heureusement rare, et dont sans doute personne ne pourra soutenir la légalité.

Mais passons aux articles du titre dont nous venons de donner le préambule.

Un premier paragraphe attribue à la communauté de Villiers et autres, l'usage du bois à bâtir et maisonner dans un canton de 79 arpens dans la forêt de Maubelin.

Un deuxième paragraphe attribue à la communauté de Villeneuve et autres, 79 arpens 50 perches dans la forêt de Chalamont.

Le troisième paragraphe est ainsi conçu :

« Les communautés de Clucy, Tilleret, Supt, Larderet, LA VILLE DE SALINS et communauté de Bracon, conservés aux mêmes droits (ceux de bastir et maisonner) dans la forêt de la Joux, au canton de la sixième coupe, qui a été délivrée à Joseph Beaux pour être exploitée en 1729. »

Le quatrième paragraphe attribue aux communautés d'Oglières et autres, dans la forêt de la Joux, un canton dit le Sauget, contenant 100 arpens, suivant la distraction.

Pour savoir ce qui a été donné à Salins et aux communes annexées par le troisième paragraphe, il faut savoir quel était le canton de la sixième coupe de Joseph Beaux; pour la trouver, nous lisons dans le deuxième réglement, du premier avril 1727, page 58 du manuscrit, à l'article forêt de la Joux, qu'on a distrait de cette forêt de 7054 arpens, 600 arpens adjugés à Joseph Beaux, pour n'en exploiter par lui que 500, à raison de 100 par année, en sorte que les 100 restant forment la sixième coupe qui est affectée à l'usage des communautés.

Ce qui prouve que tel est le sens de la clause, c'est qu'on y rappelle aussi la réserve du canton de Sauget, faite ici aux communes de la quatrième catégorie.

Ainsi les droits de la ville de Salins, dans la forêt de la Joux, sont bornés à un sixième dans 100 arpens, c'est-à-dire environ à 17 arpens, tandis qu'aux termes de l'arrêt de 1440, ils s'étendent à toute l'étendue d'une forêt de plus de 7000 arpens.

Ils sont limités au droit de prendre du bois au cas d'incendie ou d'accident seulement, tandis que par le titre de 1440, les habitans avaient le droit de réparer leurs maisons et d'en édifier de nouvelles en toutes circonstances.

Enfin, le droit de couper du bois pour le vendre, cette faculté qui dénote si bien un droit de co-propriété, est tout-à-fait passé sous silence, c'est-à-dire supprimé.

« Lesquels quatre cantons, dit M. Maclot, que « nous avons fait distraire, aborner et séparer des « forêts, ainsi qu'il est désigné sur les plans, demeure« ront affectés aux usagers, sans que l'on puisse y faire « aucunes coupes pour les salines ni pour tous autres « non rappelés, à la charge par les usagers de se con« former aux articles pour les délivrances, emplois et « exploitations. »

Par le premier de ces articles, les habitans sont tenus, lors d'incendie ou cas fortuit, de fournir leur devis.

Par l'article 2, il est dit qu'il ne sera accordé aucun bois pour construction nouvelle ni entretien à tous particuliers demeurant dans la ville et non résidant dans les communes, qu'en *cas d'incendie*, *et non en tout autre cas*. Ce qui est une violation évidente des droits de Salins. Par compensation, M. le commissaire propose de donner aux communes qui n'ont pas de droits ceux de chauffage et de pâturage, et du bois à brûler.

Il est aisé d'être généreux lorsque d'un trait de plume on supprime les droits établis par titres!

Au titre de *l'affouage des tuileries*, *de la fourniture des forts et de la ville de Salins*. On lit, art. 3, ce qui suit :

« Les bois qui viennent à exploiter pour le chauffage du public et de la ville de Salins, affectés à cet usage par nos réglemens, ne pouvant suffire à cause de leur abroutissement, et que nous avons réglés pour être expertisés en recépage, d'ailleurs les usages dans les forêts de Moydon et de la Joux qui faisaient partie des fournitures étant ABOLIS par nos réglemens, et étant nécessaire de pourvoir à l'approvisionnement de la ville de Salins et du public, nous ordonnons que Joseph Beaux, adjudicataire des exploitations et fournitures jusqu'en 1739, et ceux qui lui succéderont, pourront annuellement faire exploiter dans les forêts ou taillis affectés aux salines appartenant aux communautés ou particuliers, jusqu'à la concurrence de 500 cordes de bois, les bûches de 48 pouces de longueur, lesquels bois il pourra délivrer dans les forêts, à raison de 3 fr. la corde, ainsi qu'elle se paiera aux propriétaires ; on les fera conduire en la ville de Salins pour être

« déposés dans un chantier et distribués au public à « raison de vingt sols par chacune corde, au-delà « du prix porté par son adjudication, savoir : 10 sols « qu'il paiera d'excédant aux propriétaires, et 10 sols « pour les droits d'entrée ;

« Et attendu que l'usage des sapins convient aux « boulangers, et pour éviter le manquement de ces « sortes de bois, dont l'entrée est défendue dans la- « dite ville, que par ledit Beaux, et ceux qui lui « succéderont, il sera annuellement fourni audit chan- « tier 200 cordes de bois de sapin, les bûches de 48 « pouces de longueur, à prendre dans les exploita- « tions, pour être distribués aux boulangers et autres « qui font usage de sapin, à raison de 9 livres 10 sols « la corde, suivant son adjudication, jusqu'en 1730, « et ensuite au prix qui sera accordé à l'adjudica- « taire ; pour lesquelles 200 cordes de bois ledit « Beaux adjudicataire, et ses successeurs, ne paieront « rien au Roi.

« Cette quantité de 200 cordes ayant été accordée « à la ville de Salins, en indemnité de ses droits de « chauffage dans les forêts du Roi, par nous suppri- « més. »

Voilà une disposition bien étrange ; M. le commissaire déclare, de son autorité privée, avoir aboli tous les droits des habitans sur la forêt de Moydon, dont jusques-là il n'avait pas parlé, et dont par les titres antérieurs ils sont propriétaires. Sous ce premier rapport, c'est une confiscation de propriété ; et pour toute indemnité, il attribue à la ville, à titre de chauffage, 700 cordes de bois en tout, quand déjà la ville avait ce chauffage illimité.

Sur quoi il en prend 500, non dans les forêts du Roi, mais dans les forêts en taillis appartenans aux communautés et particuliers, et 200 sur les forêts du Roi.

Encore ne délivre-t-il pas ces bois gratuitement; il faut les payer le prix qu'il détermine.

Et on appelle cela une indemnité de dépossession!

A l'égard du bois pris sur les forêts appartenant, de l'aveu de M. le commissaire, *aux communes et aux particuliers*, il donne aux adjudicataires le droit d'en prendre 500.

Mais donner ainsi le bien d'autrui, qu'est-ce autre chose que voler? La chose change-t-elle de nature parce que c'est un homme revêtu de pouvoir qui l'autorise? Il n'en est que plus dangereux!

On dira peut-être que M. le commissaire a statué ainsi, parce que ces bois appartenant aux communes et aux particuliers, sont déclarés *affectés aux salines*.

Mais d'abord cette affectation n'est-elle pas une usurpation? Parce que les souverains du pays avaient un domaine qui exigeait beaucoup de bois pour son exploitation, les communes et particuliers devaient-ils le lui fournir gratuitement? Quels sont les titres que les salines représentent, pour faire dans la propriété d'autrui un prélèvement si extraordinaire? Qui surtout a donné le droit à M. le commissaires d'en changer la destination, de donner à la ville de Salins, par exemple, ce que l'usage attribuait exclusivement aux salines?

En appliquant aux salines les raisonnemens de M. le

commissaire, les particuliers et communes, s'ils avaient eu comme lui le pouvoir de rendre des ordonnances, n'auraient-ils pas pu dire :

« Considérant que nos bois et forêts sont dégradés, « frustés, jardinés, anticipés et extirpés par les usages « des salines, et hors d'état de fournir à jamais, à « nous propriétaires, les moyens d'en tirer aucun « profit, nous avons ordonné et ordonnons ce qui « suit :

« Les droits d'usage des salines dans nos bois et « forêts sont abolis, ou bien nos forêts sont et demeu- « rent fermées auxdits usagers jusqu'à l'année 1750. »

Plus nous examinons les titres, plus nous sommes confirmés dans cette opinion, que réellement le domaine n'a aucun droit de propriété dans la plupart des forêts de ce pays ; que c'est sous prétexte du besoin des salines domaniales de Salins, et à l'aide de l'exercice de son droit de police, qu'il s'en est emparé insensiblement.

On lit dans l'art. 1er du titre *des chauffages et pâturages, conservés aux communautés usagères :*

Les droits de chauffage, pâturage, et aisances dont les forêts du Roi étaient ci-devant chargées, autres que ceux rapportés au présent réglement, ne peuvent avoir lieu, nonobstant toutes concessions accordées par les seigneurs de la maison de Châlons ou autres.

Ce serait donc par suite de succession à la maison de Châlons que ces forêts seraient devenues domaniales.

Eh bien ! nous trouvons dans le recueil des lois de

la Franche-Comté, des lettres-patentes du Roi de France du 27 juillet 1734, qui reconnaissent le prince d'Isenghien comme héritier et successeur de la maison de Châlons.

A la vérité il est dit dans le préambule, que les terres de Guillaume, premier prince d'Orange, furent confisquées pour cause de rébellion, mais il est ajouté que Philippe Guillaume, autre prince de cette maison, fut rétabli dans la possession de ces terres.

A-t-on alors maintenu la confiscation sur les forêts? Voilà ce qu'on ignore, et le fait que le domaine aurait à prouver, puisque les lettres de 1734 ne font aucune exception.

Parmi un grand nombre de dispositions de police que M. le commissaire réformateur a prises et avait droit de prendre, on trouve la clause suivante, qui forme l'art. 6.

« Permettons néanmoins à tous habitans de la ville « de Salins et faubourg de Bracon, d'enlever annuel- « lement et lors des coupes, depuis le 1er septembre « jusqu'au 1er décembre, et depuis le 1er avril jusqu'au « 1er mai, les queues, souches et remenants, bois « courts et gisant par terre, qui se trouveront dans les « exploitations des bois *appartenant* à la ville de Sa- « lins et affectés aux salines, sans qu'ils puissent y « entrer en aucun autre temps, à peine d'être punis « comme délinquans. »

Ce passage est curieux; car il contient la reconnaissance explicite du droit de *propriété* de la ville de Salins : mais par une contradiction inexplicable, c'est au propriétaire qu'on interdit même l'entrée de ses bois ; et c'est à l'usager (le domaine des salines) qu'on en attribue la jouissance exclusive, et tout cela par voie de police !

Un propriétaire réduit à ne recueillir dans sa propriété que le bois mort et les souches, est un cas qui paraît tout-à-fait nouveau, et dont on ne trouverait pas sans doute un second exemple dans les annales forestières !

On voit dansl'art. 15, que malgré la spoliation de leurs droits, les communes et particuliers sont encore tenus de contribuer annuellement pour la garde des forêts, où ils n'ont plus que des droits de chauffage, pâturage et aisances, et ce, entre les mains du receveur des gabelles à Salins; pour, est-il dit, la répartition en être faite par les échevins.

Cette disposition est rappelée par l'art. 11 du titre des exploitations.

Par cet article, on a l'air d'adoucir la rigueur du réglement de 1606, et de l'ordonnance des archiducs de 1607, qui les obligeait à fournir les gardes; mais alors les communes et particuliers étaient propriétaires de leurs bois, et de plus c'était le droit commun.

Nous trouvons dans ce même titre, un art. 13, qui reconnaît encore les droits anciens de la ville de Salins.

« Les habitans de la ville de Salins, particuliers et « communautés, *possédant bois* affectés aux salines, « ayant besoin pour leurs usages, de paisseaux ou « échalats, cercles et bois de clôture pour leurs héritages, « avons permis et permettons à tous *propriétaires des*

« *bois affectés* de prendre à mesure de la coupe d'i-
« ceux, et non en d'autres temps, les coudriers, épines et frésillons propres à débiter en paisseaux, échalas ou cercles pour leur usage et du public, ainsi que pour fermer leurs héritages, sans pouvoir les employer à d'autres usages, ni les transporter hors les quatre lieues de la ville de Salins. »

Ainsi d'une part, ce n'est plus du bois pour le cas d'incendie ou cas fortuit, ce n'est plus un simple chauffage, c'est du bois pour clore et édifier, que le commissaire est obligé d'attribuer ici à Salins. Rendant ainsi un hommage involontaire aux droits anciens et toujours subsistans de la ville.

Mais de plus, et ce qu'il importe de ne jamais perdre de vue, c'est qu'il reconnaît en termes exprès, que c'est la ville qui est *propriétaire* des bois, et que c'est la saline qui y a droit d'usage.

D'où il suit que les principes relatifs aux usages, sur la délivrance et sur la possibilité des forêts, seraient applicables à celle-ci, et que d'après les lois nouvelles la ville de Salins aurait droit de poursuivre le cantonnement.

L'art. 14 permet aussi, c'est-à-dire reconnaît aux propriétaires des bois, soit particuliers, soit communauté, « de distraire, à fur et à mesure des exploitations, des arbres, charmes, hêtres, ormes et frênes de l'âge du taillis, propres à débiter et façonner en bois de charronnage, à leurs usages et du public, jusqu'à la concurrence de deux voitures par arpent. »

N'est-ce pas encore là l'existence d'un droit de propriété ?

On lit encore (p. 42. v° du registre) au titre des exploitations de *bois affectés*, abandonnés pour le chauffage de la ville de Salins et l'usage du public. (Car ce réglement abonde en redites, et est rédigé sans aucun ordre ni méthode.)

Art. 1. « Les bois affectés aux salines, et distraits « pour le chauffage de la ville de Salins, demeureront « réglés à 25 ans, et seront observées dans leur exploi- « tation les mêmes formalités que dans les autres bois « affectés. »

On ne dit nulle part quels sont ces bois, leur nom, leur situation et leur contenance; on a seulement fixé plus haut la quotité à 700 cordes, mais sans opérer la division entre les ayant-droits, en sorte que la délivrance demeurerait encore à la discrétion des officiers des forêts; ils n'ont pas manqué d'en profiter, comme on le verra ci-après, pour dégarnir successivement le chantier, et le réduire presqu'à rien.

Au milieu de cette abondance de dispositions, on lit au même titre, p. 44, un art. 7 ainsi conçu :

« Ne pourront les propriétaires et adjudicataires « vendre aucuns desdits bois, hors la distance de « quatre lieues de la ville de Salins, ni les employer « à d'autres usages, à peine de confiscation. »

Cet article ne reconnaît-il pas aux propriétaires le droit de vendre, en se soumettant à la condition. Dès lors ce n'est donc plus un simple droit d'usage; car il est de principe, qu'aucun usager ne peut vendre les usages ordinaires, n'ayant été accordés que selon la nécessité; et qui, par cela même, ne tombent pas en arrérages.

On voit que le commissaire Maclot avait sous les yeux le titre de 1440, qu'il en reconnaissait la validité et qu'il voulait y satisfaire en quelque chose, en même temps que par d'autres dispositions il viole ouvertement les droits qui en résultent.

Tant il est vrai que, s'écarter de la ligne du vrai et du droit, c'est tomber dans l'arbitraire et dans des contradictions manifestes.

Telle est l'analyse du réglement arrêté par le commissaire député le 1er avril 1727, finissant à la p. 51.

Il ne parle ni de publication, ni d'approbation du conseil du Roi.

Quoique tout parût dit par ce premier réglement, on en trouve à la suite, p. 54 à 110, un second sous la même date, intitulé Réglement des forêts du Roi. C'est une description de ces forêts et des usages dont elles sont grevées.

A l'article de la Joux, on lit : « Forêt de sapin, suivant les procès-verbaux d'abornement et plan, contenant 7054 arpens 64 perches.... n'étant pas en état « d'être exploitée, demeurera fermée jusqu'en 1750, « qu'il sera dressé procès-verbal de son état, « pour être exploitée en champlant, à raison de 100 « arpens par année, à l'exception néanmoins de 600 « arpens qui ont été distraits et divisés en 6 coupes, « pour être exploités par Joseph Beaux, dont il n'en « exploitera que 500 arpens pendant les 6 années de « son exploitation, et que les 100 arpens restant « avec pareille quantité au canton de Sauget, que « nous avons affectés à l'usage des communautés, se-

« ront exploités, de tire à aile, en champlant, ainsi « qu'il est réglé. »

C'est cet article qui a paru au gouvernement du Roi, en 1825, déterminer à une limite de 100 arpens seulement l'étendue des bois affectés pour les bâtisses de la ville de Salins, par le premier réglement de 1727.

Si cette interprétation est exacte, on ne conçoit pas alors comment Joseph Beaux, auquel avait été adjugée, en 1724, une quantité de 600 arpens, souffrit d'être ainsi dépossédé de son bail et à voir rompre le contrat d'adjudication par un commissaire départi.

Nous ne ferons pas d'autre remarque sur la FERMETURE de la forêt de la Joux, jusqu'en 1750, si ce n'est que c'est un moyen commode de se débarrasser des charges établies par titre.

Au lieu de 30 ans, on aurait pu en mettre 50 ou 100; par ce moyen on annulle les titres, on fait même perdre aux habitans le souvenir de leurs droits, et ensuite on oppose la prescription!

Malgré la limitation à 100 arpens des droits de bâtisse de la ville de Salins et des autres communaunés, on trouve encore à la suite du passage ci-dessus transcrit, ce qui suit :

« Sera annuellement pris dans ladite forêt en « champlant, et dans le canton le plus rempli de sou- « ches, jusqu'à la quantité de deux mille sapineaux « de deux à 3 pieds de tour, pour faire chevrons à « l'usage des salines et DU PUBLIC, lesquels arbres se- « ront délivrés, choisis et marqués. »

En marge on lit que, par ordonna nce particulière

du 11 août 1730, il a été dérogé à cet article, et réglé qu'on ne prendrait plus que 1200 sapineaux par an, dans les endroits les plus fourrés, sans désignation de cantons, dans la forêt de la Joux, et 800 dans la forêt d'Arc.

On voit quel arbitraire règne dans ces affectations : du reste nous n'avons pu trouver le texte de cette ordonnance du 11 août 1730, et d'une autre du 21, qui sont fréquemment citées en marge des réglemens de 1727.

Page 64 v° de ce réglement, il est dit quant à la ville de Salins, aux communautés de Bracon et beaucoup d'autres, qu'elles demeurent déchues de tous leurs droits dans ladite forêt, avec défense d'y prendre, ramasser, ni couper aucuns bois vifs, sur étant ou gisant par terre, ni d'y conduire aucuns bestiaux.

Cette disposition n'est-elle pas contraire à celles ci-dessus rapportées, relatives au droit de prendre le bois mort dans les exploitations ?

Ensuite M. le commissaire départi, car c'est toujours la question principale, avait-il le droit d'abolir des droits de propriété fondés en titres, et garantis par une possession immémoriale ?

A l'article de la forêt de Montrond, on trouve marginalement renseignée une ordonnance du 2 novembre 1768, rendue sur les ordres de la Cour (sans doute la chambre des eaux et forêts du Parlement), qui a rétabli les habitans de Vannoz dans leurs droits d'usages.

A l'article de la forêt de Moydon, dont la contenance est reconnue d'après les procès-verbaux s'élever à 6010 arpens 56 perches, y compris les forêts de Sepoy, de la Faye, de Valempoulières [1], on passe entièrement sous silence les droits de la ville de Salins, de sorte qu'ici la dépossession est complète.

En marge de l'article concernant la commune d'Ivory, on trouve relatée une ordonnance de M. de Longeville, du 20 novembre 1781, sur les ordres de la Cour du 28 septembre précédent, qui rétablit cette commune dans les droits d'usage auxquels l'ordonnance de Maclot portait atteinte.

On voit (p. 85) que, par arrêt du 10 septembre 1726, diverses communes avaient obtenu du Parlement des reconnaissances de droits d'usage dans cette forêt; le commissaire les a respectés. Pourquoi n'en a-t-il pas fait de même pour les autres, et notamment pour les droits de *propriété* de la ville de Salins? Les droits de celle-ci étaient-ils moins sacrés parce qu'ils étaient plus anciens? On lit p. 86, v°.

« Quant aux communautés de Bracon, de Mesney,
« la ville de Salins, l'hôpital général de la charité de
« Salins et autres communautés en particulier, non
« compris au présent réglement, DÉCHUS de tous
« droits dans ladite forêt de Moydon, et autres fo-
« rêts. »

A la suite des réglemens précédens, p. 170 et suivantes, est un état des bois des particuliers et des communes affectés au chauffage de la ville de Salins et du public, faisant à peu près une moyenne de 30 arpens par année.

(1) Celle-ci est comprise pour 869 arpens.

« Tous lesquels réglemens et ordonnances, dit en « terminant M. le commissaire départi, seront exé- « cutés selon leur forme et teneur, nonobstant tous « usages et réglemens à ce contraires; en conséquence, « ordonnons qu'à la diligence du procureur du Roi, « ils seront publiés et signifiés aux particuliers et « communes..... A Metz, le premier avril 1727.

« Lu et publié à la salle de l'auditoire de Salins, « le 31 mai 1727, en présence des officiers de la « maîtrise. ».

Ensuite se trouve mentionné un arrêt du Conseil, du 29 octobre 1743, d'où semblerait résulter que les réglemens de Maclot auraient été homologués au Conseil.

Nous nous sommes fait délivrer, aux archives du royaume, une copie entière et authentique de cet arrêt.

Il est rendu sur l'appel de sentences de la maîtrise des officiers de la réformation des 9 juillet et 6 août 1742, qui avaient défendu aux communes de Courvoise et de Bonjailles, de couper à l'avenir dans leurs communaux aucun arbre de futaie, sans en avoir obtenu la permission, et les avaient condamnées à 2000 livres d'amende; sentences confirmées par M. de Pouilli, commissaire-général réformateur.

Les habitans s'étaient pourvu; le conseil des finances, sur le rapport du contrôleur-général, a rejeté la requète, et ordonné l'exécution des ordonnances de Maclot, des 20 octobre 1725 et premier avril 1727.

L'arrêt est signé d'Aguesseau et Orry, et dans la relation qu'on en fait au registre manuscrit des réglemens de Maclot, on le dit signé par Devoyer d'Argenson; ce qui doit rendre suspect ce registre.

Au reste, il est évident que l'arrêt du conseil des finances de 1743 n'est qu'un jugement du conseil et n'est point un réglement d'homologation générale des ordonnances de Maclot; ce réglement n'eût-il pas dû être délibéré dans toutes les sections du conseil, et revêtu de lettres-patentes pour être enregistré au Parlement de Besançon, comme l'ont été tant d'autres arrêts du conseil contenant des réglemens semblables pour toutes les autres forêts de la Franche-Comté?

Par une exception unique, les réglemens de Maclot n'ont point subi cette nécessaire formalité; et il n'y a aucune autre trace de sa mission dans le recueil des lois de la province, si ce n'est dans des lettres-patentes du 2 juin 1733, enregistrées au parlement, le 17 août, relatives à l'établissement de la saline de Lons-le-Saulnier, qui permettent de prendre des bois, dans les forêts des particuliers, mais avec INDEMNITÉ; et dans la forêt de Champagnole, affectée aux salines de Salins, sur les procès-verbaux et délivrances qui seront faites par *Maclot, commissaire-général près l'administration des salines de Salins, autorisé à cet effet.*

Il résulte même de la teneur de cette loi locale de 1733, que M. Maclot n'était qu'administrateur de la saline de Salins, et que toutes les mesures qu'il pouvait et devait prendre pour la possession de cet établissement domanial, n'avaient lieu que sans préjudice du droit des tiers, et sauf la juste et préalable *indemnité*.

Il est plus que probable que si les réglemens de Maclot avaient été soumis à l'enregistrement du parlement, comme il était indispensable qu'ils le fussent pour devenir obligatoires, le parlement ne les eût enregistrés que sous cette condition, et qu'il eût délibéré des remontrances, comme il l'a fait, toutes les fois que la justice le lui commandait.

Il n'a pas enregistré purement et simplement l'ordonnance de 1694, qui pour la Franche-Comté tient lieu de celle de 1669, ce que M. Maclot paraît avoir complètement oublié; car c'est l'ordonnance de 1669, légalement inconnue à la province, et jamais l'édit du 13 août 1694, qu'il cite dans le cours de son réglement.

Le parlement a délibéré des remontrances sur les quatre arrêts du conseil de 1724, relatifs à la réformation des forêts de la province. On trouve ces remontrances dans le tome II, f° 160.

Ces remontrances, le Roi y a fait droit par les lettres-patentes du 9 mai 1724, qui ont révoqué ces quatre arrêts du conseil.

Que si l'on prétendait que M. Maclot, comme commissaire départi et comme grand-maître, avait le droit de faire des ordonnances non sujettes à homologation, et sur lesquelles le parlement n'aurait pu faire acte de juridiction, parce que c'est un acte d'administration, nous citerions un exemple remarquable de ce qu'a fait le parlement de Besançon, à l'occasion d'un acte de ce genre.

Besançon, le 13 janvier 1719. — Recueil du Parlement.

« Sur la requête aujourd'hui présentée à la Chambre par le procureur-général du roi, contenant : que l'exemplaire joint à la présente requête, du réglement fait le 28 juillet dernier pour le sieur Durand d'Auxy, en qualité de grand-maître, enquêteur et général réformateur des eaux et forêts au département de cette province, lui ayant été mis en main, il a cru qu'il était du devoir de son ministère d'examiner ce réglement; et que, après y avoir donné une attention particulière, il a reconnu qu'il est attentatoire à l'autorité du roi et à celle que S. M. a confiée à cette chambre souveraine des eaux et forêts. Pour en être persuadé, il est nécessaire d'observer, par rapport à l'autorité du roi, que ce réglement concerne la police, l'administration et la régie des eaux et forêts de Franche-Comté; il contient six articles, qui portent tous des ordonnances ou des inhibitions et défenses, avec des peines en cas de contravention, contre toutes sortes de personnes : il n'est permis qu'à S. M. de faire des réglemens de cette nature; ce principe est incontestable, et l'on doit convenir qu'il est juste d'en faire ici l'application, pour faire connaître que ce réglement est une entreprise sur les droits du roi, qui n'est das tolérable. A l'égard de l'autorité de la chambre souveraine des eaux et forêts, il suffit de recourir aux titres sur lesquels le sieur Durand d'Auxy fait les fonctions de sa charge, et à l'édit de création de la Chambre des eaux et forêts du mois de février 1704, pour juger qu'elle est intéressée dans ce réglement. C'est sur l'ordonnance des eaux et forêts de 1669 et sur les édits de création de grand-maître que le sieur Durand d'Auxy exerce celle dont il est revêtu. L'on voit dans cette ordonnance, titre du *grand-maître* et dans ces édits de création, toutes les attributions de cette charge. Elles sont à la vérité très considérables, mais on n'y trouve pas le droit de faire des réglemens sur les matières des eaux et forêts. Il est dit au contraire, et il est répété dans plusieurs endroits, que le grand-maître ne juge qu'à la charge de l'appel; et par l'édit de création de la Chambre des eaux et forêts, il est porté en termes exprès qu'elle doit juger privativement à toutes autres Cours et juges, en dernier ressort et sans appel, toutes les instances et procès civils et criminels concernant les fonds, propriétés et contestations des eaux et forêts, et tous ceux qui lui seront renvoyés par S. M. ou par son Conseil, ou qui lui seront portés ou envoyés par le grand-maître des eaux et forêts de son département; ce qui démontre sensiblement que par rapport à la Chambre des eaux et forêts, le grand-maître ne doit être considéré, dans l'ordre de la justice, que comme un officier inférieur, lorsqu'il est seul et séparément du corps, et que, par conséquent, il ne peut pas faire des réglemens sur les matières des eaux et forêts; autrement ce serait pervertir l'ordre de la subordination, et réduire les juges supérieurs à exécuter ce que l'inférieur aurait prescrit et statué. Le sieur Durand d'Auxy a prétendu couvrir ces irrégularités et ces incongruités, et faire valoir son réglement, en y cotant quelques articles de l'ordonnance; mais si elle a prévu les cas énoncés dans ce réglement, si elle y a pourvu, il n'a pas dû se proposer de la rendre plus efficace en interposant l'autorité qu'il s'attribue indûment. Cette ordonnance a toute la force que la loi la plus respectable peut avoir, puisqu'elle est émanée immédiatement de l'autorité souveraine; il n'a pas dû aussi en changer les expressions et les termes, et affaiblir par ce moyen les dispositions, dans la pensée de faire croire qu'il a droit de faire des réglemens, et de juger et ordonner en dernier ressort et sans appel. L'on voit sur la fin de ce réglement qu'il est dit qu'il sera exécuté nonobstant opposition et sans préjudice d'icelle, et qu'il n'est point parlé d'appellation; comme si ce réglement était de la nature des arrêts et réglemens des Cours supérieures, contre lesquelles il n'est pas permis de se pourvoir par appel; si l'on ajoute à cela qu'il est enjoint par ce même réglement de le faire lire et publier aux prônes des messes paroissiales de chaque paroisse de l'étendue de son département, de le régistrer au greffe des maîtrises, et de l'afficher partout où besoin sera, il est facile de juger de toutes ces ostentations, que ledit sieur Durand d'Auxy a voulu faire éclater un pouvoir qui n'est pas naturel à sa charge de grand-maître des eaux et forêts, et qui ne lui appartient par aucun titre.

« A ces causes, requérait le procureur-général, qu'il lui soit donné acte de ce qu'il se porte pour appelant dudit réglement du 28 juillet dernier, et à ce que faisant droit sur son appellation, ledit réglement soit déclaré nul et de nul effet, avec défense audit sieur

Durand d'Auxy d'en faire de semblables à l'avenir : qu'il soit ordonné que l'arrêt qui interviendra sera envoyé dans les maîtrises particulières des eaux et forêts de cette province, pour y être lu, publié et registré, et enjoint à ses substituts desdites maîtrises d'y tenir la main, et d'en certifier la Cour dans le mois. Et comme le procureur-général a remarqué par l'exemplaire de ce réglement joint à la présente requête, que l'imprimeur a donné audit sieur Durand d'Auxy la qualité de chevalier, qu'on ne peut lui attribuer, à moins qu'il n'ait obtenu des lettres-patentes de S. M., le procureur-général se réserve de prendre dans la suite à cet égard telles conclusions qu'il trouvera au cas appartenir.

« Vu la présente requête et le réglement dudit Durand d'Auxy, en date du 28 juillet 1718 ;

« Ouï le rapport du messire Claude-Antoine Bocquet de Courbouzon, et tout considéré ;

« La Cour a reçu et reçoit le procureur-général du Roi, appelant dudit réglement, et faisant droit sur son appel, a déclaré et déclare le réglement nul et de nul effet, a fait et fait défense audit Durand d'Auxy d'en faire de semblables à l'avenir ; ordonne que le présent arrêt sera envoyé dans les maîtrises particulières, pour y être lu, publié et registré ; enjoint à ses substituts desdites maîtrises, d'y tenir la main, et d'en certifier la Cour dans le mois ; réserve audit procureur le droit de se pourvoir pour la qualité de chevalier, portée audit réglement, comme il trouvera convenir. »

Fait, etc.

Si l'on prétend qu'il n'en est pas d'un grand-maître comme d'un commissaire député du conseil, nous citerons un arrêt du conseil du 16 septembre 1704, qui attribue exclusivement à la chambre des eaux et forêts du parlement le jugement des droits d'usage, chauffage et pâturage.

Fontainebleau, 16 septembre 1804. — Registré au parlement de Besançon; recueil de ce parlement, in-f°, tom. II, p. 306, 1772.

« Le Roi ayant par arrêt de son conseil, du 19 janvier 1700, ordonné que tous les prétendans droits d'usages, chauffages, pâturages, paccages et autres, dans les forêts de S. M., au comté de Bourgogne, seraient tenus de représenter les originaux des titres pardevant M. Desmaretz de Vaubourg, intendant audit comté, et le sieur Coulon, grand-maître des eaux et forêts du département de Metz, et commis pour faire les fonctions de pareils offices audit comté de Bourgogne, au lieu et place du sieur Perrault, pour les examiner et entendre sur iceux les prétendans droits et les procureurs de S. M., des maîtrises dans le ressort desquelles les bois étaient situés, et sur le tout rendre leur jugement, lorsqu'ils se trouveraient du même avis, lesquels jugemens seraient exécutés, sauf l'appel au conseil; et en cas que lesdits sieurs de Vaubourg et Coulon se trouvassent de différens avis, ils dresseront procès-verbal de la représentation des titres et des droits des consultations des parties, qu'ils enverraient au conseil avec leurs avis, pour être par S. M. ordonné ce qu'il appartiendrait, ledit sieur de Vaubourg ayant changé de département, par autre arrêt du 12 octobre 1700, S. M. commit M. de Harouis, intendant audit comté, et ledit sieur Perrault pour procéder à l'exécution dudit arrêt du 19 janvier 1700; et ledit sieur de Harouis ayant aussi changé de département, S. M., par un autre arrêt du conseil du 30 janvier 1703, a subrogé le sieur de Bernage, conseiller en ses conseils, maître des requêtes ordinaire de son hôtel, intendant de justice, police et finances au comté de Bourgogne, au lieu et place dudit sieur de Harouis, pour procéder avec ledit sieur Perrault, grand-maître des eaux et forêts du duché et comté de Bourgogne, à l'exécution dudit arrêt du conseil du 19 janvier 1700. Et S. M. ayant été informée qu'encore que le pouvoir desdits commissaires soit restreint à la seule connaissance des droits prétendus d'usages, chauffages, pâturages, paccages et autres semblables dans les forêts de S. M., néanmoins dans les contestations qui ont été portées pardevant eux, il s'en est trouvé plusieurs où les procureurs du Roi, des maîtrises particulières des eaux et forêts, et les parties ont pris des conclusions tendantes à juger les fonds et propriétés des bois que lesdits procureurs du Roi prétendent d'une part appartenir à S. M., et dont les communautés et particuliers prétendent d'une autre, être en possession et avoir droit de jouir; sur quoi lesdits commissaires ne veulent pas, d'un côté, avec raison, passer outre au jugement par défaut de pouvoir, et trouvent de l'autre de la difficulté à prononcer eux-mêmes les renvois, parce que la plupart de ces contestations sur le fond sont incidentes, et liées avec les prétentions des droits d'usages qui font la matière et l'objet de leur commission : auquel S. M. voulant pourvoir, et en même temps ne pas dépouiller la Chambre qui a été créée au parlement de Besançon, par ses édits des mois de février et juillet dernier, de la connaissance qui lui a été attribuée de tous les procès concernant les fonds et propriétés de ses bois, et autres matières des eaux et forêts.

« Ouï le rapport du sieur Chamillart, conseiller ordinaire au conseil royal, contrôleur général des finances; S. M. en son conseil, a renvoyé et envoie à ladite Chambre toutes les contestations tant incidentes que principales qui peuvent avoir été portées par-devant lesdits commissaires, où il s'agit des fonds et propriétés desdits bois; voulant au surplus, S. M., que lesdits arrêts du conseil du 19 janvier 1700, et 30 janvier 1703, soient exécutés selon leur forme et teneur, pour ce qui concerne les droits prétendus d'usages, chauffages, pâturages, paccages et autres, dans les bois dont S. M. jouit, ou qui seront jugés lui appartenir. »

Fait au conseil d'état du Roi, etc.

Si quelquefois il a été dérogé aux attributions de cette cour, on a nommé dans son sein une commission judiciaire composée de magistrats et d'agens supérieurs forestiers; administrer peut être le fait d'un seul; mais juger n'est-ce pas le fait de plusieurs?

Ce qui le prouve, c'est un édit du 20 novembre 1726, rendu pendant le cours des opérations du sieur Maclot.

Fontainebleau, 20 novembre 1726, registré le 10 octobre.

Louis, etc., Ayant, par arrêt de notre conseil du 5 du présent mois de novembre, pour les causes y contenues, subrogé le sieur De la Neuville, intendant de justice, police et finances du comté de Bourgogne, et le sieur D'Auxy, grand-maître des duchés et comté de Bourgogne et d'Alsace, au lieu et place des sieurs Aubert et Baudry, grands-maîtres des départemens de Caen et Picardie, que nous avions ci-devant commis pour informer des délits, dégradations, abus et malversations commis dans les bois des duchés, comté de Bourgogne, Bresse et Alsace, pour, par les sieurs de la Neuville et D'Auxy, être conjointement, avec le sieur Boifot, premier président de notre Parlement de Besançon, le sieur de Courbouzon, conseiller en notre même Parlement, le sieur Marquis, professeur en l'université de la même ville, procédé à la diligence du sieur Caseau, au jugement des procédures faites à ce sujet; nous aurions aussi par ledit arrêt, ordonné qu'il serait, par lesdits sieurs commissaires, procédé à la réformation de nos bois et eaux dans les ressorts des maîtrises de Besançon, Dôle, Clerval, Vesoul, Gray et Poligny, en la manière y portée, et que pour son exécution toutes lettres nécessaires seront expédiées.

A ces causes, de l'avis de notre conseil, qui a vu ledit arrêt dudit jour, 5 du présent mois de novembre 1726, ci-attaché sous le contre-scel de notre chancellerie, nous avons subrogé, et par ces présentes signées de notre main, subrogeons au lieu et place desdits sieurs Aubert et Baudry, le sieur de la Neuville, intendant de justice, police, finances du comté de Bourgogne, et ledit sieur D'Auxy, grand-maître des duchés et comté de Bourgogne et Alsace, pour être, conjointement avec le sieur Boifot, premier président de notre Parlement de Besançon, le sieur de Courbouzon, conseiller audit Parlement, et le sieur Marquis, professeur en l'université de la même ville, au rapport du sieur de Courbouzon, procédé au jugement des procédures par lui faites et à faire, à la poursuite et diligence dudit sieur Caseau, en exécution des arrêts des 11 juillet 1723, 25 décembre 1725, 19 février et 3 mai 1726, lesquels au surplus seront exécutés selon leur forme et teneur.

Ordonnons que par lesdits commissaires il sera procédé au rapport dudit sieur de Courbouzon, qui continuera de faire toutes les instructions nécessaires à la réformation des eaux et bois à nous appartenans dans lesdites maîtrises de Besançon, Dôle, Clerval, Vesoul, Gray et Poligny, qu'à la poursuite et diligence dudit sieur Caseau, que nous commettons pour faire les fonctions de notre procureur en ladite réformation, les usagers et riverains de nos bois et forêts dans le ressort des maîtrises seront tenus de représenter, pardevant lesdits sieurs commissaires, les titres de leurs droits d'usage et possession, et qu'après une exacte recherche et reconnaissance, lesdits sieurs commissaires réuniront au domaine tous les biens et terres qui en ont été usurpés, condamneront les usurpateurs à la restitution des fruits et en nos dommages et intérêts; régleront les droits des usagers de nos forêts suivant l'ordonnance de 1669, en feront l'arpentage et bornage exacts, et régleront les coupes suivant leur possibilité, y établiront des gardes en nombre suffisant pour leur conservation, et feront pour l'aménagement desdites forêts tout ce qui sera jugé par eux de plus convenable; instruiront les procès aux coupables des délits et malversations que ledit commissaire ou celui qui le subdéléguera, reconnaîtront dans lesdits bois par les procès-verbaux qu'ils dresseront de l'état d'iceux, et les jugeront en dernier ressort; jugeront pareillement de la propriété desdits bois qui sont contentieux entre nous et les communautés et particuliers, à l'effet de quoi les communautés et particuliers seront tenus d'exhiber et remettre au greffe de ladite commission, à la première sommation qui leur en sera faite, les titres et actes justificatifs de leurs prétentions sur la propriété desdits bois. Ordonnons en outre que ce qui sera jugé par lesdits commissaires, tant en matière civile qu'en matière criminelle, sera exécuté en dernier ressort, en appelant avec eux, suivant l'exigence des cas, le nombre des gradués requis par nos ordonnances; et en cas d'absence, maladie ou légitime empêchement d'aucuns desdits commissaires, les autres procéderont au jugement des affaires, pourvu qu'ils soient au nombre de trois, permettons audit sieur de Courbouzon, tant en matière civile que criminelle, de commettre et subdéléguer telle personne qu'il voudra choisir pour instruire les affaires qui seront jugées par lesdits sieurs commissaires, et de commettre et subdéléguer pour greffier telle personne qu'il avisera bon être, et prêtant par elle le serment en tel cas requis; et même à notre procureur pour tout le contenu auxdits arrêts, de substituer pour faire en son absence telles réquisitions qui seront jugées nécessaires. Les pièces, procédures et autres qui se trouveront dans le greffe de la réformation établie par l'arrêt de notre Conseil, du 10 avril 1717, seront remises au greffe de la présente commission pour s'en servir ainsi qu'il sera convenable; et pour l'effet de ce que dessus nous attribuons auxdits sieurs commissaires tout pouvoir, juridiction et connaissance, icelle interdisant à toutes nos cours et juges, ordonnons que lesdits sieurs commissaires s'assembleront chez ledit sieur premier président, et tout ce qui sera jugé sera exécuté, nonobstant opposition, récusation, prise à partie, ou autres empêchemens quelconques, pour lesquels ne sera différé, dont si aucuns interviennent, nous nous en sommes réservés et à notre Conseil la connaissance, et icelle interdite à toutes nos autres cours et juges.

Si vous mandons, etc.

Une lettre du garde des sceaux en date à Versailles, du 4 février 1753, rendue au sujet d'un arrêt du conseil du 4 août 1750, défend aux commissaires réformateurs de prendre aucune connaissance des questions de propriété.

En voici le texte : il est tiré du recueil des bois de

la province, page 188, et ce qu'il y a de remarquable, c'est qu'il a été rendu par suite de remontrances.

Versailles, 11 février 1753, pag. 188.

J'ai rendu compte au Roi des remontrances que vous lui avez faites au sujet des dispositions d'un arrêt du Conseil, du 4 août 1750, portant réglement sur l'administration des bois destinés et affectés aux salines de Salins et de Mont-Morot....

Le Roi n'a pas cru devoir donner aucune atteinte au droit qui est assuré aux souverains du comté de Bourgogne, par les anciennes ordonnances du pays, sur les bois situés dans les six lieues de distance de Salins; mais sa bonté l'a porté à suspendre, quant à présent, l'exercice de ce droit sur les bois situés dans les cinquième et sixième lieues d'arrondissement de Salins, jusqu'à ce que, par les arpentages et reconnaissances des bois situés dans les 4 lieues, on se soit assuré qu'ils sont en effet insuffisans pour le service de la saline. Dans ce cas même, l'intention du Roi est que l'on ait recours aux bois de sa forêt de Chaux, par préférence à ceux appartenant aux particuliers situés dans les cinquième et sixième lieues. Cette forêt ne sera cependant point affectée à l'usage de la saline, et il ne sera apporté aucun changement à la manière dont elle s'administrera. Il a été rendu un arrêt du Conseil qui ordonne que lorsque les bois affectés seront insuffisans, les adjudicataires des coupes seront chargés de fournir au prix marqué les bois qui leur seront ordonnés.

La surséance accordée ne doit pas s'étendre néanmoins aux bois de sapins; la juste appréhension où l'on est qu'ils ne viennent à manquer pour un service indispensable, a fait prendre à S. M. le parti de laisser encore cette espèce de bois sous la main de la réformation dans les cinquième et sixième lieues de Salins, mais cette surséance aura lieu à l'égard de la quatrième lieue d'arrondissement de Mont-Morot.

Enfin, le Roi a donné ses ordres au commissaire de la réformation, pour que dorénavant il ne prenne aucune connaissance, ni des *questions qui concernent la propriété des bois, le droit et la manière d'en jouir*, ni de tout ce qui peut concerner les droits de pêche et de chasse, et les délits qui se commettent à ce sujet : l'intention de S. M. étant que cette commission se renferme dans tout ce qui peut concerner la conservation des bois, leur police et aménagement, relativement au service ci-dessus.

Quant à l'art. 4 du réglement de 1750, l'objet de S. M., par cette disposition, a été de traiter favorablement les seigneurs en leur rendant l'exercice de leur justice et les amendes sur les bois affectés aux salines, dont ils avaient été privés par les réglemens antérieurs. On a cru devoir en même temps assujétir les officiers de ces justices aux mêmes formalités et usages que les juges subdélégués de la réformation. L'intention de S. M. est de voir, par la manière dont ce réglement s'exécutera, si ces formalités peuvent avoir des inconvéniens que vous relevez; et en ce cas, elle pourra prendre le parti d'attribuer à la commission la connaissance par appel de tout ce qui sera fait par les justices seigneuriales, au sujet des délits et malversations commis dans les bois affectés, en ce qui concerne l'objet de la commission.

Signé, MACHAULT.

Enfin des lettres-patentes du 30 janvier 1753, ont affecté aux salines de Salins une partie de l'immense forêt de Chaux, afin de décharger les bois des particuliers et des communes qui en étaient grevés.

30 janvier 1753, registré le 20 mars suivant.

LOUIS, etc. Nous étant déterminé à faire servir les bois de notre forêt de Chaux, qui se trouvent sur les six lieues d'arrondissement de notre saline de Salins, au service de cette saline, par préférence aux bois des particuliers situés dans les cinquième et sixième lieues, destinés audit service en vertu des anciennes ordonnances du comté de Bourgogne, et de l'arrêt de notre Conseil du 4 août 1750; nous aurions sur ce expliqué nos intentions par l'arrêt de cejourd'hui, rendu en notre Conseil-d'Etat, nous y étant, réglé en même temps la manière dont se fera la fourniture desdits bois provenant de notre forêt de Chaux, et ordonné que sur ledit arrêt toutes lettres nécessaires seront expédiées. A ces causes, de l'avis de notre Conseil, qui a vu ledit arrêt ci-attaché, sous le contre-scel de notre chancellerie, nous avons, conformément à icelui, ordonné, et par ces présentes signées de notre main;

ORDONNONS, 1° qu'en cas d'insuffisance des bois situés dans les 4 lieues comtoises de l'arrondissement de Salins, et affectés à l'affouagement de nos salines dudit lieu, les fermiers ou les entrepreneurs et préposés à la formation des sels, seront tenus d'en avertir, deux années avant, le grand-maître des eaux et forêts du département de notre province de Franche-Comté, et de lui remettre un état, d'eux signé, des quantités de cordes qui leur seront nécessaires par supplément à celles qui leur seront fournies du produit des bois affectés.

2° Voulons que l'adjudicataire des bois de notre forêt de Chaux, de l'année pour laquelle la demande aura été faite, soit chargé par une des clauses de son adjudication de fournir ladite quantité de cordes.

3° Voulons pareillement que les bois soient délivrés en forêt aux entrepreneurs à la corde, à raison de 4 pieds et demi de hauteur sur 8 pieds de couche, et la bûche de 3 pieds et demi de longueur entre deux coupes, sans qu'il puisse entrer dans la corde aucun bois noueux courbes ou tortillarts, ni qui aient moins de 6 pouces de tour, laquelle corde de bois façonnée sera payée par les entrepreneurs ou préposés à la formation des sels, à l'adjudicataire des coupes, à raison de 3 fr. 10 s. par chaque corde.

4° Voulons en outre, qu'en cas de contestations à cet égard, elles soient portées devant les officiers des eaux et forêts, et par appel devant nous, sauf néanmoins en ce qui concerne la voiture et la traite desdits bois jusqu'à Salins, dont la police et la juridiction resteront à notre commissaire de la réformation, pour y être pourvu conformément aux réglemens faits pour l'extraction des bois de l'affectation ordinaire.

Si vous mandons, etc., nonobstant toutes lettres à ce contraires, auxquelles nous avons dérogé et dérogeons par ces présentes, etc. Donné, etc.

Enregistré pour être exécuté suivant leur forme et teneur, en cas d'insuffisance des coupes de forêts anciennement affectés au service des salines de Salins, et qui ont servi ci-devant à l'affouagement desdites salines dans l'étendue des 4 lieues comtoises, etc.

Signé, Chalon.

Ces actes émanés de l'autorité souveraine, suffiraient sans doute, pour prouver : 1° que la loi n'accordait pas à un commissaire réformateur le droit de statuer sur des questions de propriété, 2° et que les réglemens de Maclot, quant aux dispositions faites pour les salines, ce qui était l'objet spécial de sa mission, ont été invalidés par les arrêts et édits de 1730 et 1733.

Cependant il n'est pas inutile de dire ce que les officiers municipaux ont fait pour résister à l'influence de ces réglemens.

Il résulte des délibérations consignées dans les registres de l'Hôtel-de-Ville, que dès le 27 octobre 1724, le maire demanda une assemblée de notables pour s'opposer à l'intention de M. Maclot, de transporter le chauffage des bourgeois de la forêt de *Moydon et autres* dans lesquels la ville a droit de propriété dans les bois de....

Le 17 décembre 1725, dans une assemblée tenue *ad hoc*, on trouve la preuve que la ville rejetait l'offre faite de lui fournir son bois de chauffage dans la forêt de Fertans, et qu'on devait faire des remontrances à ce sujet.

Le 10 août 1727, il fut fait un rapport au conseil des dispositions de M. Maclot sur le bois de chauffage; nonobstant qu'il y ait un chantier dans la ville pour les habitans, il sera libre à chacun d'eux d'en aller prendre dans la forêt à trois livres la corde.

Le 13, l'assemblée des notables repoussa ces dispositions, délibéra qu'on députerait à M. Maclot de nouveaux commissaires, pour lui faire des remontrances; que l'on serait autorisé à prendre des échalas dans tous les bois taillis.

On réclama le Moydon intact, la conservation des bois à bâtir, et celui du chauffage.

Il est présumable que M. Maclot promit de faire justice, puisqu'on ne trouve pas d'autres signes d'opposition.

Au reste, l'affectation prétendue limitée à 100 arpens par les réglemens de 1727, pour les bois à bâtir, a été complètement abolie en 1746 par un arrêt du conseil, revêtu de lettres-patentes, dont voici le texte :

« Sur ce qui a été représenté au roi étant en son « conseil, que par le réglement fait en 1727, par « M. Maclot, les commissaires nommés par sa majesté « pour l'administration et réformation des bois affec- « tés à l'usage de Salins, et par des ordonnances pos- « térieures dudit sieur Maclot, il a été affecté cinq « cantons de cent arpens de bois chacun, pour les « communautés conservées dans le droit d'usage des « bois à bâtir dans les forêts de sa majesté, dont trois « cantons dans la forêt de la Joux, et deux dans celle « de Maubelin que ces cinq cantons sont désignés

« et séparés du surplus des forêts et qu'on n'y a fait « aucune coupe que pour les usagers ; mais que cette « disposition est susceptible de quelques changemens, « en ce que ces cinq cantons de bois étant destinés « uniquement pour les usagers, on ne peut y délivrer « que de bons arbres droits et propres à la construc- « tion, en sorte qu'il se trouve dans ces cantons plu- « sieurs gros arbres tortus, noueux, défectueux et « nullement propres à la construction, qui périssent « journellement soit en tombant de caducité ou rom- « pus par les vents ; pourquoi, il conviendrait d'en « ordonner l'exploitation pour l'usage desdites salines, « au temps des délivrances annuelles, sauf à pourvoir « au besoin des usagers, en leur faisant délivrer, par « l'entrepreneur des salines, dans les coupes ordi- « naires des mêmes forêts où leur droit d'usage est « conservé, le bois dont ils auront besoin, dans les « cas portés par ledit réglement, à la charge par eux « de payer seulement le prix de l'abattage et de la fa- « çon, ce qui serait avantageux au service des salines et « ne pourrait causer aucun préjudice aux usagers, « puisqu'ils seront toujours assurés des bois qui leur « seront nécessaires, sans être chargés d'autres frais « que ceux de l'abattage et de la façon ; à quoi sa « majesté voulant pourvoir, vu sur ce ledit régle- « ment de 1727, ensemble, l'avis de Pimelle, com- « missaire nommé pour la réformation et administra- « tion des bois affectés à l'usage des salines de Salins ; « ouï le rapport du sieur de Maclaut, conseiller or- « dinaire au conseil royal, receveur des finances.

« Le Roi, étant en son Conseil, a Ordonné et Or-

« donne que lesdits *anciens arbres propres à la* « *construction* qui se trouvent dans les cinq cantons « des forêts de la Joux et du Maubelin, affectés par « le réglement du sieur Maclot, de l'année 1727, et « par ses ordonnances postérieures, aux communau- « tés conservées dans le droit d'usage des bois à bâtir « dans les forêts de sa majesté, seront à l'avenir ex- « ploités pour l'usage desdites salines de Salins au « temps des délivrances annuelles, sauf aux usagers « desdites communautés à se pourvoir pardevant le « sieur Pimelle, commissaire de sa majesté pour la « réformation et administration des bois affectés à « l'usage desdites salines, à l'effet d'obtenir la déli- « vrance, par l'entrepreneur de la fourniture des « bois desdites salines, dans les coupes ordinaires « desdites forêts où leur droit d'usage est conservé, « des bois dont ils se trouveront avoir besoin, dans « les cas portés dans ledit réglement de l'année 1727, « à la charge par eux de payer seulement, audit en- « trepreneur, le prix de l'abattage et de la façon; « sa majesté autorisant ledit sieur Pimelle à ordonner « la délivrance desdits dois.

« Fait au conseil d'État du roi, sa majesté y étant, « tenu à Versailles le 9 août 1746.

« *Signé*, DEVOYER D'ARGENSON. »

« LOUIS, etc., Mandons et Ordonnons, par ces « présentes signées de notre main, que l'arrêt dont « l'extrait est si attaché, sous le contre-scel de notre « chancellerie cejourd'hui rendu en notre conseil « d'État, nous y étant, pour les causes y contenues,

« signifier, à tous ceux qu'il appartiendra, à ce que « personne n'en ignore, et faire, en outre, pour l'en- « tière exécution d'icelui, tous les commandemens et « sommations et autres actes et exploits requis et né- « cessaires, sans autre permission, car tel est notre « bon plaisir.

« Donné à Versailles, le neuvième jour d'août, l'an « de grace mil sept cent quarante-six.

« *Signé*, LOUIS;

Par le roi :

Signé, M. DEVOYER D'ARGENSON. »

« Vu par nous autres Alexandre Viart, écuyer, « seigneur de Pimelle, premier président du pré- « sidial de Bourg-en-Bresse, commissaire général « nommé par le roi, pour la réformation et adminis- « tration des bois affectés et destinés à l'usage des « salines de Salins, chemins et rivières du comté, « l'arrêt du conseil ci-dessus, du 9 août dernier. Nous « ordonnons qu'il sera registré au greffe de la réfor- « mation et en celui de la maîtrise particulière des « eaux et forêts audit Salins pour être exécuté selon sa « forme et teneur; donné de nous commissaire général « susdit, à Pimelle, le vingt-troisième septembre « mil sept cent quarante-six. *Signé*, VIART DE « PIMELLE. »

« Registré au greffe de la réformation et adminis- « tration des bois affectés et destinés aux salines, et « maîtrise de Salins, au 3e volume du registre des ar- « rêts et ordonnances, fo 179e, par le greffier sous-

« signé en icelle ; en suite de jugement rendu au siége « de ladite réformation, le 31e octobre 1746.

« *Signé*, Marmet. »

Il résulte clairement de cet acte que les affectations spéciales de M. Maclot ont été révoquées, que les communes ont été réintégrées dans le droit illimité de prendre toute espèce de bois à bâtir, selon leur nécessité, dans toute l'étendue de la forêt, soit celle de la *Joux*, en ce qui concerne Salins et communautés jointes, soit celle de *Maubelin*, en ce qui concerne les autres communautés riveraines.

D'où il suit que l'ordonnance du roi, du 5 octobre 1825, est fondée sur une erreur de fait.

Cet acte explique pourquoi la ville de Salins n'a point exercé par elle-même ses droits de bois à bâtir dans la forêt de la Joux ; l'entrepreneur des fournitures de la saline devait les lui fournir, selon la nécessité.

Aussi nous voyons qu'en 1750, lors de l'incendie d'une partie du bourg Dessous (que quelques-uns prétendent mal à propos n'avoir aucuns droits, parce que les titres antérieurs à la réunion ne parlent que du bourg Dessus), quarante maisons et plus furent réédifiées, et qu'on fournit tous les bois de sapin nécessaires.

Nous avons déja dit que l'établissement du chantier de chauffage devait souffrir beaucoup de difficultés par l'esprit d'envahissement qui a constamment dirigé l'administration, relativement aux droits des communes ; ce chantier était pour les habitans un moyen commode qui leur faisait oublier le droit bien plus précieux d'exercer leurs droits par eux-mêmes, ou par l'entremise de leurs magistrats. M. Maclot s'en servit pour les tromper.

Dans les renouvellemens des baux des salines, en 1730, 1738 et 1744, les fermiers des salines délivrèrent les bois nécessaires pour le chauffage, au prix marqué par le réglement de Maclot; mais en 1746, une ordonnance du réformateur du 11 juillet, augmenta le prix en le portant à 9 livres 12 sols 6 deniers.

Le 4 mars 1776, un arrêt du conseil sollicité par les fermiers généraux, et rendu par défaut contre la ville, supprima le chantier; la ville réclama, et par un mémoire, signé Rainguel, en date de 1777, elle conclut à ce que le chantier fut rétabli au taux ancien, sinon que ladite ville serait remise en possession de ses droits, dans la forêt de Moydon et de la Joux, conformément à ses titres.

Son pourvoi fut admis et communiqué.

Les fermiers se hâtèrent d'aller au-devant de ces conclusions, et de proposer une transaction, ce qu'ordonna le ministre d'alors (M. Necker); le prix de la corde fut porté à 10 livres 10 sols; on fournirait le bois aux habitans tant en ville qu'à la campagne. La fourniture était alors de 5500 cordes taillis, et de 1500 cordes en bois sapin, ce qui était au moins une indemnité des droits anciens dont elle ajournait l'exercice.

Les magistrats de Salins, par délibération du 31 août 1778, en acquiesçant, quant aux chauffages, aux intentions de M. Necker, dirent qu'il ne leur appartenait pas d'assujétir les habitans à une taxe arbitraire ni de déterminer au hasard le prix des bois qui seraient fournis à l'avenir ; cependant comme il avait eté accordé 10 sols par corde aux communautés pour les bois à prendre dans leurs forêts, les officiers municipaux reconnurent qu'il était juste que la ville supportât une partie de cette augmentation, et ils consentirent à porter le prix à 10 livres.

Cette augmentation ne pouvait être obligatoire, vu la minorité des communes. Il n'existe qu'une décision de M. de Longeville, commissaire réformateur, en date du 28 septembre 1778.

La ville continua de jouir de son chantier jusqu'à l'an VI de la République ; à cette époque, les entrepreneurs des salines, ayant annoncé qu'ils ne feraient plus de fournitures, la ville réclama encore par un mémoire imprimé de ses magistrats, du 29 fructidor an VII ; elle conclut, comme en 1777, en rappelant ses anciens titres, à ce qu'ils fussent remis en vigueur ; elle invoquait ce principe consacré par les lois anciennes et nouvelles, que nul ne peut être dépossédé de sa propriété sans une juste et préalable indemnité.

Il fallut encore céder à la force ; les droits de chauffage furent maintenus, mais le prix de la corde fut porté à 16 francs.

En l'an XII, même contestation ; les fermiers des salines, peu embarrassés des obligations de l'état, voulaient toujours s'en affranchir. MM. les sénateurs Vernier et Dermeunier et la députation du Jura intervinrent auprès du gouvernement pour défendre les intérêts de la ville. Le ministre d'alors, M. Gaudin, par décision du 14 ventose an XIII, déclara que l'affaire était susceptible de conciliation, et néanmoins la fourniture fut continuée.

Mais chaque année il a fallu réclamer; et le prix de la corde de bois, est porté à 24 francs.

Ces réclamations successives sont prouvées par des mémoires envoyés au gouvernement, en 1817 et en 1824.

Par ce dernier mémoire la ville demandait de nouveau à être réintégrée dans la propriété des deux forêts de la Joux et de Moydon.

Ne doit-elle pas y persister plus que jamais, aujourd'hui qu'une nouvelle adjudication des Salines, faite à une compagnie financière, quelque respectable qu'elle soit, va mettre la ville aux prises avec le fermier de l'État, pour ses chauffages.

Tel était l'état des choses, lorsqu'au mois de juillet dernier la ville de Salins a éprouvé un désastre qui l'a toute entière réduite en cendres, et qui a retenti si vivement dans tous les cœurs français.

Le maire de la ville s'empressa de demander à S. Exc. le ministre des finances la délivrance du bois nécessaire à la reconstruction; 36,000 sapins ont été jugés nécessaires pour la rétablir dans son ancien état, et en supposant que le nombre des maisons soit réduit d'un tiers, il en faudrait 24,000. On y rapportait que le village des Rousses, ayant brûlé en 1815, en avait reçu à lui seul 6,000 pieds.

L'inspecteur forestier de Poligny, par son avis donné à Arbois le 16 août, pensa que le réglement de 1727, en tant qu'il établit les droits de la ville, était suffisant et non limitatif; il proposa donc de délivrer dans la forêt de la Joux tout ce qui serait nécessaire, sous la seule condition de ne pas permettre de recouvrir les maisons en bardeaux.

Le sous-préfet de Poligny reconnut qu'il y avait nécessité et urgence d'accueillir favorablement la supplique; que c'est même dans l'état actuel de la population, le seul moyen de ranimer son courage abattu, et de la rattacher au sol qui l'a vu naître.

Le 23 août, M. le préfet du Jura, considérant « que « plus de 300 maisons ont été incendiées; que par « l'effet de l'incendie du 27 juillet, plus de la moitié « des propriétaires et habitans restent sans asile; que « dans la consternation qui a suivi un aussi grand « désastre, les habitans de Salins auraient abandonné « les ruines de leur ville, si la bienfaisance publique, « excitée par celle dont le gouvernement du Roi a « donné l'exemple, n'était venue relever leur courage « abattu; que la plupart d'entre eux étant dans l'im- « possibilité de reconstruire leurs habitations avec « leurs propres ressources, le rétablissement de la « ville dépend réellement de la concession sollicitée;

« Que d'ailleurs cette demande est fondée en droit;

« Est d'avis :

« 1° Qu'en exécution du titre VI du réglement « général fait par M. de Maclot, il soit fait conces- « sion à la ville de Salins, dans la forêt royale de la « Joux, de la quantité de pieds de bois qui sera « reconnue nécessaire pour la reconstruction des « maisons incendiées.

« 2° Qu'il soit pris des mesures néanmoins pour « que ce secours ne soit accordé qu'aux propriétaires « qui auront souscrit pardevant le maire de Salins la « soumission de reconstruire leurs habitations dans

« le délai, sur l'alignement, et conformément aux ré-« glemens relatifs au mode de couverture des maisons « qui auront été déterminés par les autorités com-« pétentes. »

L'administration des forêts, au lieu de consentir à cette délivrance, entra dans la discussion du réglement de Maclot; elle remarqua que les bois à bâtir se trouvaient, par la combinaison de divers articles, circonscrits dans un canton de 100 arpens.

Cette argumentation était superflue en présence de l'arrêt du conseil, revêtu de lettres-patentes du 9 août 1746, que l'administration des forêts doit cependant connaître.

On s'attendait que le conseil-d'état délibérerait sur cette demande; un conseiller d'état qui porte un vif intérêt à la ville de Salins, devait y défendre les droits de celle-ci; on assure même que l'opinion de M. de Bouthillier, directeur général, lui était favorable.

Néanmoins le conseil-d'état ne fut pas consulté, par conséquent les droits de la ville ne furent ni discutés ni défendus; et sur le seul rapport de S. Exc. le ministre des finances, il a été rendu le 5 octobre 1825, une ordonnance ainsi conçue:

Art. 1. « Le canton d'environ 100 arpens qui « avait été assigné par un réglement de réformation « du 1er avril 1727 de la forêt de la Joux aux com-« munautés de Clucy, Tilleret, Supt et Larderet, à « la ville de Salins et à la communauté de Bracon, « pour les délivrances de bois de charpente à leur « faire, en cas d'incendie et autres cas fortuits, et du-« quel canton l'emplacement ne s'est pas retrouvé, « sera remplacé par un autre de la contenance de 50

« hectares à prendre dans la partie la plus peuplée de « la forêt de la Joux :

2. « Il sera, par l'arpenteur forestier désigné à « cet effet, procédé au lever du plan et au bornement « du nouveau canton.

3. « Il sera fait délivrance dans ledit canton à « la ville de Salins, de tous les arbres *morts* et *dé-* « *périssans*, qui ne seront pas jugés nécessaires à la « reproduction, d'après la marque qui en aura été préa- « lablement faite par les agens forestiers.

4. « Ces arbres ainsi délivrés seront par tas « entre les habitans, d'après le réglement qui sera « arrêté par le maire, et approuvé par le préfet.

5. « Les co-partageans seront tenus de justi- « fier dans le délai qui sera fixé par ledit réglement, « de l'emploi des bois qui leur auront été délivrés.

6. « Les délivrances seront faites gratuitement « et sans perception des droits de vacations fo- « restières, de timbre, et d'enregistrement des procès- « verbaux desdites délivrances, et sans tirer à con- « séquence pour l'avenir.

7. « Le nouveau canton continuera d'être affecté « aux délivrances à faire à la ville de Salins et « aux communes dénommées en l'art. 1 de la présente « ordonnance, et pour les cas qui y sont indiqués, le « tout conformément au réglement général de réfor- « mation du 1er avril 1727. »

« Notre ministre des finances est chargé de l'exécu- « tion de la présente ordonnance. »

Elle est contresignée, De Villèle.

Cette ordonnance a jeté les habitans de Salins dans la consternation. — Les arbres morts et dépérissans du canton de 100 arpens produiront à peine 2000 sapins, c'est-à-dire, à peine la douzième partie de ce qui est absolument nécessaire à la réédification de la ville.

La résistance de l'administration forestière, qui contraste si fort avec la souscription spontanée qui a eu lieu en France en faveur de cette ville malheureuse, souscription qui efface toutes celles qu'on avait vues jusqu'à ce jour, est d'autant plus étonnante, qu'un avis du comité des finances du 13 août 1819 reconnaît que les communes dont les droits ont été menacées, peuvent être relevées de toute déchéance.

On a examiné de nouveau les titres de la ville.

On a cru y trouver la preuve que la ville de Salins avait des droits de propriété absolus dans la forêt de Moydon, et des droits de co-propriété plus étendus que ceux de l'état dans la forêt de la Joux, et non de simples droits d'usage.

Que les réglemens de Maclot n'avaient pu y porter aucune atteinte.

Que ces réglemens n'avaient pas force de loi, puisqu'ils n'avaient pas été revêtus de lettres-patentes enregistrées au parlement de Besançon, et qu'il y avait été dérogé en 1746.

Qu'ils n'avaient pas non plus l'autorité de jugemens, parce que le commissaire qui les a rendus n'avait pas le caractère de juge, et qu'ils ne sont pas rendus dans l'exercice d'aucun pouvoir judiciaire.

Que si ces lettres non enregistrées pouvaient elles-mêmes paraître restrictives des anciens droits de la ville de Salins, et si l'administration des forêts pouvait aujourd'hui tirer avantage de la faiblesse ou de la négligence des officiers municipaux, la ville pouvait être rétablie dans ses droits, comme mineure, soit d'après le droit commun, soit d'après l'art. 8 de la loi du 28 août 1792, non-seulement sous le rapport de son droit de bâtisse, mais aussi sous celui de son droit de chauffage, sur lequel elle n'a cessé d'être en contestation jusqu'à ce jour, malgré des sacrifices continuels qu'elle a été obligée de consentir, et que le gouvernement, protecteur des communes, ne peut prescrire contre elles.

En définitive, si ses titres étaient reconnus probans et légitimes, son action contre l'administration des forêts ne pourrait manquer de réussir.

Le maire de Salins a consulté sur le mode de procédure à suivre dans cette circonstance; il pense, d'après la consultation qui lui a été donnée le 15 octobre et qui est ci-jointe, et d'après les autorités qu'elle renferme, que cette ordonnance royale du 5 octobre ne fait pas obstacle à ce que la question de propriété soit portée devant les tribunaux, seuls compétens en pareille matière.

Toutefois le conseil municipal a délibéré de se pourvoir au contentieux du conseil d'état, afin que l'ordonnance royale ne soit pas opposée comme un préjugé défavorable, et afin d'ailleurs de prouver que l'ordonnance du 5 octobre n'est pas même en parfaite harmonie avec les réglemens combinés du 1er avril 1727, ni avec l'arrêt du conseil de 1746.

Un avis du comité des finances, du 13 août 1819, reconnaît que les communes dont les droits ont été reconnus, peuvent être relevées de toute déchéance.

A Salins, le 26 novembre 1825.

Le Maire de Salins, *signé* De Lurion.

Chevalier de Saint-Louis.

CONSULTATION

POUR

LA VILLE DE SALINS.

Les Jurisconsultes soussignés,

Qui ont lu avec l'attention que cette malheureuse ville inspire, le mémoire à consulter présenté par le maire de Salins, et les pièces à l'appui,

Estiment que la question principale à résoudre, celle de l'étendue du droit d'usage de la ville de Salins, doit être décidée d'après l'origine de ces droits.

S'ils proviennent d'une concession *à titre gratuit*, à elle faite par les anciens souverains de la Franche-Comté, dans des forêts *réellement* domaniales, les agens supérieurs de l'administration ont pu, en exécution de l'ordonnance de 1669, enregistrée au parlement de Besançon en 1694, réduire les usages concédés, à la *possibilité* des forêts, et abolir le reste.

Que si, au contraire, il est prouvé, par titre que la ville de Salins ne tient pas ses droits de la munificence de ses souverains; que ceux qu'elle possédait encore en 1727 étaient le reste de droits de propriété, ou de co-propriété, différens des droits d'usages ordinaires; alors il y aura motif légitime et suffisant pour elle d'engager une discussion contradictoire avec l'administration des forêts, devant les tribunaux:

Car il n'appartient pas aux officiers municipaux actuels d'abandonner les droits de leur commune.

L'autorité judiciaire doit nécessairement prononcer.

C'est donc à cet examen qu'il faut préalablement se livrer.

Nous n'avons pas besoin de remonter au-delà du quinzième siècle, quand il existe des titres de possession; car c'est un principe de droit, et Dumoulin l'a dit : « *Talis præsumitur præcessisse titulus* « *qualis apparet usus et possessio.* »

1° La forêt de Moydon, par les actes des 31 janvier et 20 juin 1411, confirmés le 1er septembre 1494, paraît être, jusqu'à preuve contraire, la propriété exclusive de la ville, ou commune, alors appelée Bourg dessus de Salins.

Elle n'était pas *domaniale*; car Jean, duc de Bourgogne, et les comtes Maximilien et Philippe n'eussent pas souffert que les habitans avançassent dans leur mémoire qu'elle était leur PROPRE HÉRITAGE; qu'ils en tirassent de bonnes *sommes* d'argent à leur préjudice. (Expressions du titre de 1411.)

Ce même titre de 1411 dit expressément que les bois de Moydon forment les *communaux* du bourg dessus de Salins.

Or jamais, dans le langage des lois, on n'a appelé communaux de simples droits d'usage; d'ailleurs, *cum apparet titulus, ab eo possessiones legem accipiunt.* Telle est la règle rappelée souvent par M. le président Henrion de Pensey, en son traité des biens communaux, 2e édition, 1825, chap. 6, § 7, *et passim.*

2° Quant à la Forêt de la Joux, le titre est moins clair. Par l'analyse de l'arrêt de 1440, contenue au mémoire à consulter, on voit que la propriété était contestée entre les habitans de Salins d'une part, et le chef de la maison de Châlons de l'autre. L'arrêt du parlement de Dôle n'a pas nettement tranché la question même de *propriété* : il s'est borné à maintenir les habitans du « bourg dessus de Salins, et des « châtellenies de Bracon et de Châtel-Belin, ensem- « ble ceux des villes de Clucy et de l'Abergement. (On voit que Tilleret, Supt et Larderet sont étrangers à la décision, et n'ont pu être postérieurement compris parmi les ayant-droit) « en possession et saisine du « droit de l'USAGE, de prendre, couper et amener « toutes fois *qu'il leur plaît*, dudit bois de la Joux « de Salins, tant *qu'il se peut étendre*, en quelle « qualité ou quantité que bon leur semblera, pour « maisonner, édifier, et pour leur chauffage et usage, « pour le VENDRE et EXPLOITER à leur profit et utilité « en *notre dite Saulnerie*, et pour en faire leurs « autres nécessités, et des autres droits ci-dessus à « plain déclarés. »

Les mots DROITS d'USAGE sont par eux-mêmes différens ou même exclusifs de la propriété, quoique, selon M. le président Henrion, souvent on ait mal à propos confondu les *communaux* avec les *usages*. (Chap. 6, § 5, pag. 68.)

Si on lit le dispositif de l'arrêt avec attention, il est évident que ces mots *des autres droits* ci-dessus à plain déclarés, s'appliquent à ceux dont il a été parlé dans la première partie du dispositif, c'est-à-dire du droit des bois pour maisonner et pour le chauffage, et qu'ils sont placés par opposition à ceux-ci :

« Pour le *vendre* et *exploiter* à leur profit et uti-« lité en notre dite saulnerie. »

Pourquoi cette différence? Le voici :

Tous les auteurs qui ont écrit sur les droits d'usage professent cette maxime, que l'*usage* ne peut dépasser la nécesité personnelle de celui auquel il est dû.

Il serait superflu de citer nos autorités à cet égard; l'assertion ne saurait être contestée. (Voyez d'ailleurs le président Henrion de Pensey, *des Biens Communaux*, chap. 6, § 11.)

Ici on trouve le droit de *vendre*. C'est donc un véritable droit de co-propriété, qui ne peut pas être régi par les lois relatives aux usages ordinaires.

M. Merlin, dans ses additions au nouveau répertoire, tom. 17, publié en 1825, v° usage, § 5, art. 4, pag. 836, fait cette question :

« Les usagers dont les droits s'étendent jusqu'à les « autoriser à couper du bois pour en *vendre*, sont-ils « soumis dans l'exercice qu'ils en font aux règles « établies par l'ordonnance de 1669; et, par suite, « y a-t-il délit de leur part, lorsqu'ils s'écartent de ces « règles de leur jouissance ?

« Non, si leurs droits sont jugés être assez étendus « pour constituer une participation à la propriété. » C'est ce qui a été jugé dans une espèce qu'il cite, et qui a été décidé par un arrêt de la cour de cassation du 28 juillet 1820.

« Attendu, sur le premier moyen, que le tribunal « correctionnel de Tarbes s'est borné à déclarer (ce « qui était reconnu par toutes les parties) que, d'a- « près les transactions de 1664 et les jugemens passés « en force de chose jugée, rendus sur cette transac- « tion, les habitans des communes composant la ci- « devant baronnie d'Esparros, avaient le droit de « couper des arbres dans les forêts des montagnes « dont il s'agit, soit pour leurs usages particuliers, « soit pour ouvrer ou pour *vendre ;* si ce tribunal a « cru pouvoir induire de ce droit qu'il attribuait à « ces communes une *participation à la propriété* « de ces forêts, il n'a point prononcé, par cette qua- « lification donnée aux droits des communes, sur « une question de propriété dont le jugement appar- « tient exclusivement aux tribunaux CIVILS.

« Sur le deuxième moyen, que les droits conférés « à ces communes par la transaction et les jugemens « ci-dessus ne se réduisent pas à de simples droits « d'usage, qu'en jugeant que leurs habitans avaient « pu couper des arbres dans lesdites forêts conformé- « ment à ces actes, sans en demander la délivrance, « et qu'en conséquence cette coupe, ainsi par eux « faite, ne les avait pas constitués en délit, le tribu- « nal de Tarbes n'a point violé les lois relatives à la « jouissance des simples usages. »

Cet arrêt est d'autant plus applicable à l'espèce, que les réglemens de 1727 et autres ont soumis les habitans à demander délivrance, et même leur ont interdit l'accès du bois, quoique le titre qu'ils représentent et qu'ils représentaient alors, celui de 1440, leur reconnaisse, contradictoirement avec le propriétaire (supposé) de la forêt de la Joux, le droit de prendre par eux-mêmes, couper et amener, toutes les fois qu'il leur plaira, dudit bois en telle qualité et quantité que bon leur semblera.

Ce point étant essentiel dans la cause, nous rapporterons encore ce passage du répertoire de M. Merlin.

Ce jurisconsulte se livrant (*ibid.* tom. 17, p. 844) à l'examen d'un arrêt de la section criminelle de la cour de cassation, du 10 septembre 1824, critique ces expressions consignées dans l'arrêt : « Que l'or-« donnance de 1669, qui est une loi de police et « d'ordre public, en établissant dans l'intérêt général « de l'État des règles pour la conservation des forêts, « a par cela même dérogé à tout titre de concession « antérieure à la promulgation de cette ordonnance. »

Il rappelle que ces expressions excluent par leur trop grande généralité jusqu'aux titres de concession qui seraient formellement contraires à la disposition des art. 1 et 3 du titre 14 de l'ordonnance de 1669, et qu'en cela cet arrêt est en opposition diamétrale avec un arrêt de la section des requêtes du 4 janvier 1821, dans l'affaire de Bernadach.

« Attendu, porte cet arrêt, qu'il peut être dérogé « par la convention stipulée entre les propriétaires « et usagers, aux règles générales prescrites par les « ordonnances pour l'exercice du droit d'usage ; que « dans l'espèce, les prévenus avaient excipé des titres « d'après lesquels ils étaient autorisés à couper du

« bois pour leur chauffage, *sans délivrance* du pro-« priétaire; que si ce droit était connu dériver en « faveur desdits habitans de leurs titres, il anéantirait « le délit qui a été la base des poursuites.... »

Étant donc établi qu'il est certains droits d'*usage* qui sont une participation à la propriété, et non une simple servitude, il s'agit de bien déterminer quelle est l'étendue de ceux consacrés par l'arrêt de 1440.

Si l'on songe que ce droit consistait dans la faculté accordée à tous les habitans, *sans délivrance ni permission préalables*, de prendre par eux-mêmes, de couper le bois pour bâtir, ou réparer, ou pour le chauffage et le simple usage, même pour le vendre et exploiter, il est évident qu'il constitue réellement un droit de co-propriété.

Comment concevoir, dira-t-on, des droits d'usage si étendus? Ne sont-ils pas par cela même abusifs et usurpés?

S'ils avaient été concédés par les seigneurs à titre gratuit, sans doute ils auraient ce caractère. Mais quand on voit un arrêt accorder à des habitans de quelques communes, après un si long débat contre la maison la plus puissante de Bourgogne, des droits aussi étendus, on ne peut s'empêcher de reconnaître que ces droits ne sont que le reste peut-être d'une propriété entière usurpée par la puissance féodale, ou par l'effet des partages *à moitié* des forêts qui eut lieu lors de la conquête des Bourguignons, ce que semblerait justifier l'énoncé de l'arrêt, que les habitans possèdent ces droits *de si grande ancienneté qu'il n'est mémoire du contraire*.

Si ce n'est, après tout, qu'une conjecture, elle est assez vraisemblable pour obliger l'administration des forêts à prouver le contraire.

On s'est demandé d'où viennent les droits de la saline, relativement à la forêt de la Joux?

Nous pensons qu'il faut en voir le germe dans l'arrêt de 1440. La ville de Salins et les communes y réunies ont un droit de co-propriété dans la Joux, et la faculté de couper et de vendre du bois, mais sous la condition de vendre dans la saulnerie. Dès lors ce droit est limitatif. Faut-il en conclure qu'elle n'a droit de prendre que pour remettre à la saline gratuitement? non, car au lieu d'être un droit, ce serait une charge, et même une charge fort onéreuse.

Cela veut-il dire que le domaine de la saline emporte la propriété des forêts? non, car la forêt appartenait alors aux princes de Châlons: il faut en conclure seulement que les usagers ne pouvaient pas en vendre hors la ville; que la saline avait elle-même un droit d'usage, une sorte de droit de préemption sur la part de propriété qu'ont les habitans dans la forêt de la Joux. Mais par cela même aussi, le domaine, ou le prince, n'avait pas alors (en 1440) un droit réel de propriété dans la forêt de la Joux.

A l'égard des droits de propriété ou d'usage des habitans de Salins, dans les bois de *Fresnoy*, mentionnés dans le titre du 31 janvier 1411, dans ceux de *Sepoy* et *Valempoulières*, mentionnés dans l'ordonnance du Grand-Maître de 1699, il faut qu'ils aient existé, puisqu'en 1699 la maîtrise des eaux et forêts de Salins, au greffe de laquelle ces titres furent produits, ne repoussa pas les habitans *faute de titre*, mais sous prétexte qu'ils avaient été prescrits par défaut de jouissance.

Mais nous ne pouvons pas discuter la nature et l'étendue de ces droits, puisque les titres ne sont pas représentés. On pourra toujours opposer au Gouvernement qui se prétend aujourd'hui propriétaire des bois en question, la reconnaissance faite en 1699 par ses agens.

D'un autre côté, les lettres-patentes du 31 janvier 1411 reconnaissent formellement que les habitans de la communauté du *Bourg dessous* de Salins avaient aussi des bois en propre, lesquels étaient en banc.

Quels étaient ces bois? que sont-ils devenus? On ne produit aucuns titres, nous ne pouvons pas discuter cet objet; mais les magistrats de la ville de Salins doivent recourir aux archives publiques et particulières et aux chartes de la province pour les découvrir.

Cette mention du *Bourg dessous* de Salins nous amène à lever ici une difficulté qu'on a prétendu faire à la ville actuelle, et fondée sur ce que, dans les titres relatifs aux bois de Moydon et de la Joux, il n'est question que du *Bourg dessus* et non du *Bourg dessous*.

L'administration des forêts aurait aujourd'hui intérêt, et par suite qualité pour faire la distinction, s'il ne s'agissait que de simples *usages*, tels qu'on les pratique quand ils sont le résultat d'une concession de faveur, parce qu'il est de principe que les usages sont réels, c'est-à-dire attachés à chaque habitation, et qu'ils n'augmentent pas avec la population.

Mais les droits dont il s'agit paraissant être des droits de propriété, quant à la forêt de Moydon, et des droits de co-propriété ou d'usage, quant à la forêt de la Joux, il nous semble que le corps de ville, en qui réside la propriété, a droit de poursuivre l'exercice entier de ces droits. Il n'y aurait même plus de possibilité pour les habitans à distinguer leurs droits, puisque depuis la réunion, en 1497, ils ont été confondus les uns avec les autres; et au reste, les officiers municipaux actuels sont les gardiens et les défenseurs aussi bien des droits du *Bourg dessous* que du *Bourg dessus*. La confusion, d'ailleurs, outre qu'elle résulte suffisamment des lettres de réunion des deux bourgs, se trouve confirmée par les ordonnances des archiducs Albert et Isabelle, en 1606, et par l'ordonnance du Grand-Maître.

Au surplus, nous le répétons, les habitans seuls auraient intérêt à discuter la division. Le domaine de l'État n'a pas qualité pour le faire, puisque son obligation, limitée par un titre, reste la même, et qu'il ne doit fournir ni plus ni moins de bois que ne comporte ce titre.

Voyons maintenant les titres postérieurs.

Si l'extrait qu'on produit des lettres-patentes d'Albert et d'Isabelle, et du réglement qui a été rédigé en 1606, est suffisamment exact, ce dont nous doutons un peu, il paraît, en ce qui concerne le bois de Moydon, que déjà, au commencement du dix-septième siècle, le prince commençait à se dire propriétaire du fond desdits bois, on ne sait à quel titre.

Audit bois ont droit d'usage, de prendre, et

couper tout bois..... les manans et habitans de Salins.....

Mais une prétention n'est pas un droit établi; or, le domaine d'alors ne pouvait se faire un titre à lui-même.

Dans le préambule de l'ordonnance, il est dit que le réglement annexé « a été fait pour pourvoir conve-« nablement à la bonne conduite et ménagerie des « bois destinés à la cuite des muires de la grande « saulnerie de Salins. »

La forêt de Moydon est évidemment du nombre.

Les officiers du Prince la considéraient donc comme déjà naturellement affectée à la saline.

Puisque la ville de Salins en était reconnue propriétaire par le Prince lui-même, en 1494, on n'y pouvait prétendre qu'un droit d'*usage*.

« Or, dit Coquille, tant qu'on porte la qualité d'u-« sager, on ne peut acquérir droit de propriétaire. » (Voyez M. le président Henrion de Pensey, *des Biens Communaux*, chap. 6, § 5, pag. 69.)

Si donc le domaine de l'État ne peut rapporter aucun titre d'acquisition ou de transaction antérieur à 1606 qui lui ait conféré le titre de propriétaire, sa possession ne sera que précaire, quelles que soient les expressions dont se sont servi les commissaires d'Albert et d'Isabelle.

On doit supposer que ceux-ci ont été au-delà des intentions des Princes, lesquelles ne peuvent jamais être de s'emparer de la propriété d'autrui.

Du reste, ce réglement de 1606 veut que les usagers jouissent de leurs droits aussi *avant que leur usage s'étend.*

Ici nous rappellerons la maxime *cum apparet titulus, ab eo possessiones legem accipiunt.*

Le titre est en faveur des habitans de Salins; en 1606, ils continuaient donc de jouir à titre de propriétaires, puisqu'on ne rapporte pas un titre contraire.

Quant à la forêt de la Joux, le réglement des commissaires d'Albert et d'Isabelle rappelle tout à la fois, et la désignation détaillée du titre de 1440, et le résumé du prononcé de l'arrêt, sauf, qu'au lieu de dire que les habitans peuvent couper du bois pour le vendre en la saulnerie, le réglement dit : *même pour amener du bois en la grande saulnerie.*

S'exprimer ainsi, ce n'est pas exclure, c'est admettre la faculté de vendre.

Autrement, amener les bois pour les remettre *gratuitement* eût été une charge très onéreuse.

Le titre de 1606 n'a donc en rien innové à cet égard.

Quant à l'ordonnance du Grand-Maître, de 1699, elle n'a par elle-même aucune autorité, puisqu'elle n'a reçu aucune exécution, et qu'elle n'était que provisoire.

Mais on peut en argumenter à cause des reconnaissances de fait qui résultent des titres produits par la ville de Salins.

D'abord, en ce qui concerne l'abolition prétendue des droits de la ville sur les bois de Fresnoy, Sepoy et Valempoulières par le non-usage, c'est une question de propriété qu'il n'appartenait pas à un grand-maître de résoudre, mais au seul parlement de Besançon, ainsi que nous l'établirons tout à l'heure.

En ce qui concerne les bois de Moydon et de la Joux, on y maintient les habitans de Salins dans leurs droits d'USAGE ; c'est déjà une reconnaissance en fait que les droits de la ville n'avaient pas cessé d'être exercés ; quant à l'expression *usage* dont se sert le Grand-Maître à l'égard de Moydon, il n'a fait que copier le réglement de 1606.

Toutefois, il a senti qu'il fallait justifier cette restriction; et l'on voit qu'il a subordonné la reconnaissance de ces droits aux besoins des salines, de sorte que si celles-ci avaient eu besoin de la totalité des bois, il aurait exproprié les communes, comme l'a fait M. Maclot en 1727, de manière qu'en discutant le réglement de M. Maclot, nous aurons en même temps discuté l'ordonnance du Grand-Maître du 1er juillet 1699.

Seulement on voit que ni dans le réglement de 1606, ni dans l'ordonnance de 1699, il n'est plus fait aucune mention des droits de la famille de Châlons.

Cela viendrait-il de ce que les princes souverains de la Franche-Comté auraient réuni ces droits à leur domaine par suite de confiscation féodale, ainsi que cela est arrivé souvent, ou bien les droits de cette maison sur la forêt de la Joux étaient-ils si peu importans, à cause du droit des habitans de Salins, qu'ils eussent abandonné leur co-propriété ?

Voilà une question qu'on ne peut résoudre définitivement quant à présent, mais que l'administration forestière devra éclaircir elle-même.

Il est très vraisemblable que le domaine aura succédé à la maison de Châlons dans les droits que celle-ci avait sur ces forêts, et que c'est là le principe de la propriété revendiquée aujourd'hui au nom de l'État.

Toutefois, dans le mémoire à consulter, on cite un acte authentique d'une date bien récente (1734), dans le préambule duquel Louis XV reconnaît en fait que la confiscation prononcée contre un prince d'Orange, Guillaume, premier du nom, avait été révoquée, et que Guillaume II avait été remis en possession de ses biens.

Si les droits de la ville de Salins sur la forêt de Moydon et de Salins n'avaient consisté que dans de simples droits d'usage conférés *à titre gratuit* dans des forêts domaniales, la question serait résolue par les art. 1 et 10 du titre 20 de l'ordonnance du 13 mars 1694, laquelle, pour la province de la Franche-Comté, est l'ordonnance des eaux et forêts de 1669 : cette ordonnance prescrit la suppression de tels droits.

Mais 1° en ce qui concerne les chauffages, il fut, par l'art. 2, stipulé que les possesseurs de ces droits seraient dédommagés selon l'évaluation qui en serait faite au Conseil d'État, si leur possession était antérieure à l'année 1560, ou s'ils étaient possesseurs à titre onéreux.

2° En ce qui concerne les bois à bâtir, il fut dit par l'art. 10.

« Révoquons en outre, éteignons et supprimons « tous bois d'usage à bâtir et réparer, pour quelque « cause et sous quelque prétexte que la concession en

« ait pu être faite ; nonobstant toutes confirmations, « lettres, titres et possessions :

« Sauf, s'il se trouvait qu'ils eussent été acquis ou « concédés à titres de fondation, dotation, ou par « une possession justifiée, avant l'année 1560 ; ou « autrement, à titre onéreux, de pourvoir à l'indem- « nité ou décharge des intéressés, ainsi que de raison. »

Mais il est évident que ces dispositions ne sont applicables qu'aux usages accordés à titre gratuit. Le législateur a supposé que la concession, toujours de bienfaisance, avait eu lieu sous la condition tacite de la possibilité des forêts.

D'ailleurs, ainsi que M. Proud'hon l'a fait remarquer, le principe d'inaliénabilité du domaine rendait tous ces dons précaires, et l'ordonnance de 1669 ne faisait qu'appliquer un principe fondamental de la monarchie.

Cependant on excepta de la suppression les droits d'usage concédés même à titre gratuit, s'ils étaient antérieurs à 1560, en vertu du même principe d'équité qui a placé les domaines aliénés avant 1560 à l'abri de la révocation.

Le texte de l'art. 10 est clair sur ce point ; il explique l'obscurité apparente de l'art. 2 relatif au chauffage.

Les droits de la ville de Salins, en les supposant de simples usages, seraient donc compris dans l'exception ; conséquemment M. Maclot en les supprimant aurait dû liquider l'indemnité ; mais c'est ce qu'il n'a pas fait. Au reste, cette discussion est superflue. Il ne faut pas perdre de vue dans cette discussion qu'il s'agit de droits *réels* de propriété ou de co-propriété, et non de simples droits d'*usage*; or, le Conseil d'État n'était pas juge des questions de propriété.

Mais il n'y a pas un mot dans l'ordonnance qui attribue au Conseil d'État la connaissance des questions de propriété. Il n'est chargé que de vérifier les titres et d'homologuer l'état des charges. (Article 7, titre 20.)

Cet état est une mesure d'ordre et de gouvernement fort sage, semblable à celle qui est établie encore aujourd'hui par les lois des 28 ventôse an XI et 14 ventôse an XII, mais absolument étrangère à la question de propriété.

La preuve que la juridiction des parlemens n'était pas dessaisie par les dispositions que nous venons d'analyser, c'est que l'art. 11 de ce même titre est adressé à ces cours, et qu'il leur est fait défense d'avoir égard aux concessions *faites à l'avenir;* on reconnaît par cela même qu'elles doivent maintenir celles faites du passé, et qui ne sont pas à titre gratuit ou comprises dans la suppression sans indemnité.

Si le Conseil avait eu juridiction à cet égard, les parlemens n'auraient plus connu des questions de propriété et des droits d'usage; or, il est incontestable, et mille arrêts l'affirmeraient, qu'ils n'ont pas cessé d'en connaître.

Sans doute il est arrivé plusieurs fois que les grands-maîtres, ou commissaires réformateurs, au lieu de vérifier l'existence des titres, en refusaient ou paralysaient l'exécution, et c'est pour cela qu'il fut dit autrefois qu'ils *sabraient* les *droits* des usagers.

(M. Proud'hon, *ibid.*, n° 2958.) Mais ils n'y parvinrent pas toujours : on voit dans le mémoire à consulter un acte remarquable de fermeté et de vigilance du parlement de Besançon à ce sujet. Il est d'autant plus important qu'il est contemporain de la mission de M. de Maclot, et qu'il interprète l'ordonnance de 1669.

On lit au titre 3, art. 4 de cette ordonnance, que les grands-maîtres peuvent, en procédant à leurs visites, faire toutes sortes de *réformations*, et juger de tous délits, abus et malversations commis, soit par les officiers ou par les particuliers. Mais on ne voit nulle part qu'ils aient droit de juger des questions de propriété ou d'usage ; autre chose est réprimer les délits et contraventions pour lesquels ils sont institués juges de police : administrer est le fait d'un seul ; juger est le fait de plusieurs.

Comme administrateurs, les grands-maîtres pouvaient faire des réglemens, mais sans toucher à la propriété.

Nous trouvons dans l'ordonnance de 1669 la preuve que les grands-maîtres n'ont pas le droit de prononcer sur les droits d'usage.

« Ne pourront, dit l'art. 4, augmenter ni diminuer « les ventes, de leur autorité privée, et les charges « d'aucun usage, chauffage, droits ou servitudes, « ni même accorder ou faire délivrance de bois en « espèce ou ordonner le paiement de deniers en con- « séquence d'aucuns dons, à peine de privation de « leurs charges et de 10,000 fr. d'amende. »

Si le grand-maître ne peut charger les bois qu'il

administre d'aucuns droits, à plus forte raison ne peut-il les en décharger.

S'il avait ce pouvoir, il serait plus qu'un législateur; car il pourrait violer impunément la propriété.

Qu'importe après cela que le réglement de M. Maclot porte la mention qu'il a été *publié* en l'auditoire de la maîtrise, si la loi elle-même porte que c'est un simple dépôt pour que les intéressés y recourent au besoin?

Il est évident dès lors que son réglement n'est pas une loi, mais une simple ordonnance de réformation bonne et valable en tout ce qui concerne la police; mais non définitive et obligatoire en ce qui concerne l'atteinte, qui d'après l'examen judiciaire des titres, aurait été portée aux droits de propriété.

Chaillaud, dans son dictionnaire des Forêts, dit : « La réformation a deux objets : le premier, la réparation des dommages causés par les abus et malversations des officiers, marchands, riverains et messagers; le second est le rétablissement de l'ordre nécessaire pour la conservation. »

La première de ces attributions est relative à la juridiction pénale; la seconde constitue le pouvoir réglementaire de police.

« Les réformations générales se font ordinairement par des commissaires du conseil, dit Chaillaud. »

On connait trop bien la distinction qui existe entre le pouvoir de faire des réglemens de police et celui de juger en matière de propriété, pour qu'il soit nécessaire d'insister plus long-temps à cet égard.

Nous observerons que les réglemens de M. Maclot,

en tant qu'ils contiennent une réformation générale, étaient d'ailleurs soumis à la nécessité d'un enregistrement au parlement de la province, après qu'ils avaient été revêtus de lettres-patentes.

Nous avons parcouru le recueil officiel des édits, déclarations, lettres-patentes, etc., qui ont dû avoir force de loi dans la Franche-Comté; nous y avons trouvé un grand nombre de réglemens généraux de réformation ainsi solennisés.

Il y en a même pour toutes les forêts de la Franche-Comté, excepté celles de la maîtrise de Salins.

On peut en assigner plusieurs raisons : que le réglement de M. Maclot n'a pas été approuvé par le conseil, du moins rien jusqu'à présent ne le prouve ; que s'il l'a été, peut-être a-t-on craint d'éprouver des difficultés lors de l'enregistrement au parlement ; car il demeure certain qu'il n'a pas été présenté à l'enregistrement. Ce n'est donc qu'un réglement provisoire.

Il est question des réglemens Maclot dans un arrêt du conseil du 29 octobre 1743.

Mais cet arrêt ne statue que sur une contestation privée.

Enfin, la date seule de cet arrêt prouve qu'il n'est pas le réglement d'homologation des ordonnances de M. de Maclot; elles ont dû être transmises au conseil dans le cours de 1727, autrement il y aurait eu surannation.

On voit en marge du registre manuscrit qui nous est soumis, la citation d'un grand nombre d'actes qui postérieurement y auraient dérogé.

Le mémoire à consulter présente la copie d'un acte du conseil du 9 août 1746, qui aurait dérogé sur plusieurs points aux affectations precédentes, et présente des réclamations sans cesse renaissantes, relatives aux chantiers de bois; tout est resté en litige.

Peut-on invoquer les réglemens de Maclot comme des jugemens? évidemment ils n'en ont ni l'effet ni la forme. Rien ne pouvait être jugé par lui, puisque, par édit de 1704, en pleine vigueur au moment où ces réglemens ont été faits, les chambres des eaux et forêts, seules, avaient le pouvoir de rendre des décisions souveraines sur la propriété des bois et forêts.

Peut-on considérer les réglemens de M. de Maclot comme des transactions? Le silence gardé par les officiers municipaux de la commune autoriserait à considérer leur silence comme une transaction ou une adhésion définitive si, par l'édit de 1667, il n'avait été interdit aux habitans d'aliéner leurs *usages* et communaux, et si, outre l'amende de 3000 fr. infligée à leurs officiers municipaux pour avoir concouru à des actes ou délibérations y relatives, le législateur n'y avait attaché la peine de nullité.

Au reste, on voit dans le mémoire à consulter, qu'en 1750, nonobstant les réglemens de Maclot, la ville obtint les bois nécessaires pour la reconstruction de 40 maisons incendiées; qu'en 1746, elle réclama contre l'augmentation du bois qui devait lui être remis au chantier de la ville, et dont l'exacte fourniture paraît être la condition de son silence; qu'en 1777, époque de la suppression de ce chantier, elle conclut formellement à être rétablie en possession de ses droits dans la forêt de Moydon et de la Joux, conformément à ses titres; qu'en l'an VII, elle conclut de même; qu'en l'an XII, en 1817 et 1824, elle demandait de nouveau à être réintégrée.

On ne peut peut donc pas se faire une arme de son silence;

Au reste, dans la position où se trouve la ville de Salins, on ne peut pas croire, alors qu'elle justifie de droits fort étendus, qu'on cherche à repousser sa réclamation par des exceptions et fins de non-recevoir.

Il suffit aux soussignés de s'être convaincus, que ces droits étaient importans et justifiés par des arrêts et titres très anciens; que lors de la mission de M. Maclot, ces titres et ces droits parurent encore assez intacts pour qu'il ait cru devoir les ABOLIR; qu'il ne lui appartenait point de prononcer cette abolition, parce que la ville ne devait pas ces droits à la libéralité des souverains, mais qu'elle les possédait *jure proprio;* que les réglemens de 1727 sont bons et valides, comme réglemens de police; qu'ils ne sont point obligatoires, sous le rapport de la propriété; qu'ils ne forment pas obstacle à ce qu'un combat de propriété s'engage devant les tribunaux.

La ville a des titres plus que suffisans pour que l'autorisation d'engager ce combat ne puisse lui être refusée par l'autorité administrative.

C'est le devoir de M. le maire de Salins et du Conseil municipal, de faire prononcer sur des droits aussi importans.

Délibéré à Paris, ce 22 février 1826.

ISAMBERT.

AVOCATS à la Cour de cassation.	AVOCATS à la Cour royale de Paris.
SIREY.	BERRYER PÈRE.
CHAUVEAU-LAGARDE.	TRIPIER.
DELAGRANGE.	DUPIN.
ODILON-BARROT.	HENNEQUIN.
MACAREL.	MÉRILHOU.
BEGUIN.	MAUGUIN.
	BERVILLE.
	BARTHE.
	DUTRÔNE.

DEVAUX, *bâtonnier de l'ordre des avocats à la Cour royale de Bourges, membre de la chambre des députés.*

Hip. PICAS, *avocat à Perpignan.*

Imprimerie de E. Duverger, rue de Verneuil, n. 4.

www.ingramcontent.com/pod-product-compliance
Lightning Source LLC
LaVergne TN
LVHW020029170826
845678LV00001B/188

* 9 7 8 2 3 2 9 7 3 4 9 9 6 *